LA
SOLEDAD
DEL
LIDERAZGO

Cómo afrontar y vencer el aislamiento

MARIO ESCOBAR

GRUPO NELSON
Una división de Thomas Nelson Publishers
Desde 1798

NASHVILLE   MÉXICO DF.   RÍO DE JANEIRO

Editora en Jefe: *Graciela Lelli*
Edición: *Juan Carlos Martín Cobano*
Adaptación del diseño al español: *Grupo Nivel Uno, Inc.*

ISBN: 978-0-52910-977-4

Impreso en Estados Unidos de América

14 15 16 17 18 RRD 9 8 7 6 5 4 3 2 1

A Eduardo Spuler, mi primer pastor, que me enseñó que el mayor secreto de un líder está en su capacidad de amar a cada una de las personas que tiene a su cargo.

A José María Romo, un hombre de Dios que ha demostrado que se puede liderar la iglesia más grande de España sin que se le suba a la cabeza.

A los líderes, pastores, ancianos y colaboradores que sacrifican cada día su vida, tiempo, familia y fuerzas por amor a Dios y su prójimo.

No es suficiente que hagamos; a veces tenemos que hacer lo que se requiere que hagamos.

—Winston Churchill[1]

Haga de su hogar un ambiente de apoyo.

—John Maxwell[2]

El que vive aislado busca su propio deseo, contra todo consejo se encoleriza.

—Proverbios 18.1 (LBLA)

No es bueno que el hombre esté solo.

—Génesis 2.18 (LBLA)

Hay una gran soledad en el liderazgo, pero repito, tenemos que vivir con nosotros mismos. Un hombre tiene que vivir con su conciencia. Un hombre tiene que vivir a la altura de sus sentimientos profundos, como lo hace una nación, y debemos enfrentar la situación. Sé de pocas alternativas, si hay algunas, con las que tenemos que vivir más allá de la alternativa con la que nos vemos inmediatamente enfrentados. Pienso que es eso de lo que quiero hablar hoy.

—Gordon B. Hinckley[3]

CONTENIDO

Introducción | vii |

Prólogo | xi |

PRIMERA PARTE: LA SOLEDAD DEL LIDERAZGO

CAPÍTULO 1: Los líderes solitarios de la historia | 3 |

CAPÍTULO 2: La soledad de Jesús | 27 |

CAPÍTULO 3: Morir de éxito | 36 |

CAPÍTULO 4: Morir de fracaso | 50 |

CAPÍTULO 5: El conferenciante, el ejecutivo y el artista | 64 |

SEGUNDA PARTE: CÓMO AFRONTAR TU SOLEDAD

CAPÍTULO 6: El enemigo en casa | 83 |

CAPÍTULO 7: Una congregación lejana | 97 |

CAPÍTULO 8: Compañeros traicioneros | 116 |

CAPÍTULO 9: Competidores | 137 |

CAPÍTULO 10: No confío en nadie | 153 |

TERCERA PARTE: RESTAURANDO TU LIDERAZGO: EL MODELO

CAPÍTULO 11: Afirmó el rostro | 163 |

CAPÍTULO 12: «Os he llamado amigos» | 171 |

CAPÍTULO 13: Hombres y mujeres fieles | 179 |

CAPÍTULO 14: Los de tu casa | 188 |

CAPÍTULO 15: Compañerismo | 197 |

Apéndice: El test de la soledad del líder | 207 |

Bibliografía | 216 |

Notas | 217 |

Acerca del autor | 224 |

INTRODUCCIÓN

El liderazgo es solitario: la esencia del liderazgo es la disposición
para tomar decisiones difíciles. Prepárate para estar solo.

—Colin Powell[1]

CUANDO ESTA IDEA COMENZÓ A TOMAR FORMA EN MI CABEZA NO PODÍA imaginar cómo en pocos años vería a grandes hombres de Dios, personas verdaderamente espirituales, caer bajo el «efecto Elías», del que hablaremos en este libro. A mi alrededor, todo tipo de líderes comenzaban a abandonar su ministerio o se sentían tan superados por las circunstancias que empezaban a desconfiar de sus colaboradores o a distanciarse de su propia familia. Aunque lo que no podía ni imaginar era cómo yo mismo también sufriría en parte el «efecto Elías», cuando junto a mi esposa Elisabeth tomé la decisión de dejar el ministerio en la iglesia que habíamos ayudado a fundar catorce años antes.

Las lecciones de este libro se convertían, gracias a las circunstancias, en mucho más que pura teoría, se hacían reales en nuestras propias vidas y en las de otras muchas personas cercanas a nosotros.

Cuando le comenté a Larry Downs mi intención de escribir *La soledad del liderazgo*, nos dimos cuenta de que apenas había obras dedicadas por completo a las crisis que sufren muchos de los líderes cristianos y no cristianos. Cada año surgen cientos, si no miles, de títulos que nos explican cómo tener un liderazgo de éxito, pero muy pocos de estos libros hablan de la otra cara del éxito o de los problemas derivados del liderazgo.

Unas semanas antes de terminar *La soledad del liderazgo* estaba charlando en una convención con un conocido líder de mi país. Ambos habíamos pertenecido a la junta ejecutiva de una organización cristiana durante algunos años. Al hablarle de este proyecto, aquel hombre seguro de sí mismo y de carácter fuerte me miró con ojos llorosos y me reconoció la frustración que sentía en parte con la congregación que pastoreaba. Después de muchos años de servicio, aquel líder avezado me confesó que apenas había recibido alguna crítica positiva, una palabra de aliento ni un respiro en su largo ministerio.

Por desgracia, mañana te puede suceder a ti. Ninguno de nosotros estamos exentos de los vaivenes de la vida y, aunque confiamos plenamente en Dios, estoy seguro de que todos tendremos que atravesar desiertos espirituales como lo hicieron los «héroes de la fe» o los personajes históricos cristianos a los que tanto admiramos.

El liderazgo, querido amigo, es un oficio solitario, por eso hemos de armarnos con todo tipo de estrategias, estructuras y modelos que nos ayuden a combatir esa «soledad», pero sobre todo tenemos que mantener y mejorar día a día nuestra relación íntima con Cristo.

Recuerdo que, hace algunos años, cuando Larry Downs, vicepresidente de HarperCollins Christian Publishing, visitó España para dar un taller para jóvenes en un importante evento, me gustó una ilustración que él utilizaba y que puede mostrarnos de una manera gráfica cómo a veces la soledad del líder apenas es percibida por él mismo o su entorno más inmediato.

Pero bueno, voy a narrarles ya la historia. Mientras él hablaba al auditorio de jóvenes, colocó un pie sobre una mesa y comenzó a desatarse los cordones de un lustroso zapato de color negro. Todos miramos sorprendidos a Larry. ¡No es habitual que alguien se descalce en público y mucho menos mientras está dando una conferencia! Cuando se sacó al final el zapato y lo dejó sobre la mesa, pudimos ver claramente su dedo gordo asomando por el roto de su calcetín. Entonces nos dijo: «A veces nuestras fallas personales permanecen ocultas por capas de buenas intenciones, palabras amables o buenas ideas, pero debajo de lo que es evidente se esconde un secreto, un problema que no deja de crecer en nuestro interior. Puede que todos los demás no sepan que tenemos un gran agujero en nuestro calcetín, pero tarde o temprano ese agujero terminará por descubrirse. Esto mismo me sucedió a mí cuando tuve que descalzarme en el control de seguridad de un aeropuerto. Mientras miraba horrorizado mi pie, temiendo que toda la gente a mi alrededor descubriera que yo no era aquel hombre bien vestido que aparentaba, pensé que tenía que ser más cuidadoso también con lo que no se ve. A veces pensamos que, como líderes, debemos tener todas las respuestas. De modo que ocultamos nuestra deficiencia, ignoramos los grandes problemas y escondemos nuestras debilidades. No queremos que nadie vea que tenemos un hueco en el calcetín».

Cuanto antes descubramos el peligro al que nos enfrentamos como líderes, antes podremos buscar una solución que nos ayude a evitar el aislamiento y la soledad. Veamos la capacidad de resiliencia de algunos de los líderes más importantes de la historia y, sobre todo, de Jesús de Nazaret, el líder de líderes.

PRÓLOGO

Supongo que muchos de ustedes, al igual que yo, miraron anoche
al presidente Nixon dirigirse a la nación y ser escuchado por el
mundo. Lo observé con mucho interés. Lo observé al limpiar el
sudor de su rostro, dándome cuenta, estoy seguro, de la
importancia de lo que decía. Al verlo así pensé en la terrible
soledad del liderazgo.

—Gordon B. Hinckley[1]

UN LÍDER MUY CONOCIDO HABÍA PLANEADO UNA CENA DE NEGOCIOS PARA intentar poner en orden algunas cosas con sus colaboradores más cercanos. La competencia en los últimos meses había sido tan feroz que el grupo se encontraba profundamente dividido. Dentro de los colaboradores había disensiones para obtener el puesto más importante, pero lo peor de todo era que el líder había descubierto que uno de sus hombres de confianza le había traicionado.

La cena fue un éxito, al final parecía que todos estaban de acuerdo y que las pequeñas rencillas comenzaban a calmarse, pero el traidor había abandonado precipitadamente la sala al verse descubierto por sus compañeros. Aunque el resto parecía convencido de que la crisis de las últimas semanas estaba superada, el líder no tenía la misma opinión. Por ello, no queriendo bajar la guardia, pidió a sus colaboradores que le ayudaran en algunos asuntos aquella noche. Sus hombres aceptaron la petición de su jefe a regañadientes, todos se sentían cansados y no comprendían qué era aquello tan importante que no podía esperar hasta el día siguiente. El jefe tenía que lidiar con la falta de compromiso, constancia y visión de sus subalternos, pero, de todas formas, confiaba en que todos ellos al final llegaran a estar a la altura de las expectativas que él tenía.

Mientras el jefe terminaba de preparar la dura prueba que le esperaba al día siguiente, sus colaboradores comenzaban a sentirse agotados. Cuando, tras un descanso, el líder volvió para ver qué hacían sus hombres, estos se habían quedado dormidos.

El traidor llegó con varios policías a altas horas de la madrugada. Todos los colaboradores se quedaron sorprendidos cuando vieron cómo escoltaban a su jefe hacia un calabozo. En cuanto pudieron, regresaron cada uno a su casa para intentar deshacerse de cualquier cosa que pudiera vincularles con su antiguo jefe. ¡Aquello era una debacle!

Como ya habrá podido imaginar, el hombre del que estamos hablando fue el líder más importante de la historia. Un judío de treinta y tres años llamado Jesús de Nazaret. En la actualidad, más de 2.100 millones de personas siguen las enseñanzas de este famoso líder, en todos los países del planeta. Un hombre que comenzó su labor con once pescadores y un recaudador de impuestos en un apartado lugar de Galilea, la región más pobre del Imperio romano, pero que a pesar de su éxito supo el precio del liderazgo y la soledad que este conlleva.

No fue el único gran líder de la historia que se sintió solo ante la toma de decisiones trascendentales. Otro ejemplo es el de Winston Churchill, que al asumir el cargo de Primer Ministro en la hora más oscura del Imperio británico, elogió el trabajo de su antecesor:

A los humanos no les es dado —por fortuna para ellos, de lo contrario, la vida resultaría insoportable— prever ni predecir en gran medida el curso de los acontecimientos. En un momento dado los hombres parecen haber tenido razón, en otro haberse equivocado [...]. La historia, a la luz de un tembloroso farol, camina dando tumbos por la senda del pasado, intentando reconstruir sus escenas, revivir sus ecos y suscitar con pálidos destellos la pasión de otros tiempos. ¿Cuál es el valor de todo eso? La única guía del hombre es su conciencia; el único escudo frente a sus recuerdos es la rectitud y la sinceridad de sus acciones. Es muy imprudente caminar por la vida sin ese escudo, pues a menudo nos engañan las frustraciones de nuestras esperanzas y el fracaso de nuestros cálculos.[2]

El mismo Winston Churchill tuvo que asumir la soledad de su cargo cuando, después de haber llevado a su país a la victoria frente al nazismo, fue elegido otro en su lugar.

El presidente Truman escribía en su diario personal tras ver las consecuencias de la bomba atómica que él mismo había ordenado arrojar sobre la ciudad japonesa de Hiroshima: «Hemos descubierto la bomba más terrible de la historia mundial. Es la destrucción masiva predicha en la era de Mesopotamia, después de Noé y su fabulosa Arca».[3]

Sin duda, el presidente se sintió abrumado por la dificultad de sus decisiones.

En la primera parte de este libro analizaremos las causas y motivos de la soledad que produce el liderazgo.

No podemos ignorar que el liderazgo lleva implícito un alto grado de soledad e incomprensión. En este libro hablaremos de cómo algunos de los líderes más importantes de la historia superaron la soledad que conllevaba su cargo. Utilizaremos los ejemplos de hombres como el militar Napoleón Bonaparte, el presidente Abraham Lincoln, el primer ministro Winston Churchill, el líder nacional Mahatma Gandhi o el presidente de Sudáfrica Nelson Mandela, entre otros grandes dirigentes, que llevaron su vida al extremo.

También tomaremos como referente el ejemplo de Jesús de Nazaret, que es una muestra de la superación de la soledad y de cómo formar a los colaboradores hasta hacerse uno con ellos.

Uno de los peligros de los líderes, ya sean políticos, empresarios o pastores, es morir de éxito. No hay nada más solitario que el incómodo trono en el que los seguidores ponen a sus líderes y que aleja a estos de la realidad.

En Estados Unidos se ha hablado muchas veces del extraño síndrome de la Casa Blanca por el que todos los presidentes, durante su segundo mandato, pierden el contacto con la realidad y terminan creyéndose por encima del bien y del mal.

Al igual que podemos morir de éxito, el fracaso es otro elemento que aísla al líder. Miles de empresarios, pastores y políticos abandonan sus carreras al sentirse unos fracasados por no cumplir con sus propias expectativas o las de sus seguidores. Sin embargo, muchos de los que en otra época se consideraron fracasados lograron demostrar que el éxito y el fracaso no dependen de las expectativas de la gente que les rodeaba.

Los viajes, las conferencias y las galas son otros de los momentos de profunda soledad de los líderes. Cuanto más exitoso es un ministerio, una carrera o un negocio, los continuos desplazamientos, las charlas y talleres van vaciando el interior del líder, que tras pasar días fuera de casa, dándose por entero a la gente, sufre al regreso a su habitación de hotel una pequeña depresión, que le aísla y puede acabar con graves consecuencias para su vida.

En la segunda parte de este libro estudiaremos cómo afrontar la soledad del liderazgo de una forma práctica. Exploraremos el origen de esa soledad, sus posibles consecuencias y las relaciones de nuestro entorno como líderes.

La familia y el entorno íntimo constituyen el apoyo principal del líder, pero pueden ser también el talón de Aquiles de muchos hombres y mujeres dedicados a tareas de liderazgo. ¿Cómo es la relación de un líder con su esposa o esposo? ¿Cuál ha de ser la relación con sus hijos? ¿Cómo no romper la comunicación con su entorno cercano? Es muy importante que seamos conscientes de las personas que nos rodean, sus necesidades y las nuestras. Los líderes suelen estar asediados por toda una cohorte de halagadores y personas que lo único que buscan es sacar algún rédito de la relación con ellos, por eso es tan importante que los identifiquemos y neutralicemos.

La relación del líder con su organización puede ser muy gratificante, pero también muy frustrante. Los feligreses y seguidores tienden a idealizar a sus guías, viendo en ellos personas sin defectos y sin sentimientos, pero también los líderes se convierten en el centro de todas las críticas y ataques de los que deben dirigir. ¿Cómo podemos conocer la verdadera opinión de nuestros feligreses o seguidores? ¿Cómo evitar que tengan una visión distorsionada de nosotros?

Los grandes aliados de los líderes son sus colaborares más directos, pero también pueden convertirse en las personas que más dañen a una organización, ministerio o al propio líder. A veces es difícil comunicar y transmitir la visión, el enfoque o la situación real de la iglesia. Muchos colaboradores únicamente quieren más protagonismo o ascender, y para ello están dispuestos a cualquier cosa.

¿Es posible liderar colectivamente? ¿Hasta qué punto debemos dirigir y al mismo tiempo dar cierta autonomía a nuestros colaboradores? ¿Cómo actuar ante una traición flagrante en una iglesia? ¿Cómo formar y dejar paso al siguiente líder de la organización?

La relación entre líderes no es fácil, ya que los caracteres son parecidos y tienden a chocar, pero tratar con otros dirigentes puede ser uno de los factores para superar la soledad, sobre todo al descubrir que muchas de las cosas que te están sucediendo a ti también les pasan a otras personas. Tener un mentor o maestro en el que confiar puede ayudarnos a superar muchos de nuestros problemas como líderes. ¿Cómo puedo buscar ayuda o amistad con otros líderes de mi entorno? ¿Hasta dónde debo confiar en la amistad con un competidor? ¿Cómo puedo llegar a un equilibrio con otros líderes sin la necesidad de enfrentarme a ellos o tener que demostrar mi liderazgo?

En la tercera y última parte veremos cinco pasos que nos ayudarán a afrontar la soledad del liderazgo, acercarnos a los que nos rodean e influir en la gente. Para ello es necesario que identifiquemos el problema o problemas, encontremos alguien en quien confiar, nos rodeemos de verdaderos colaboradores, tengamos a la familia como la base principal de nuestro liderazgo y veamos su ejercicio no como una voluntad de poder o sometimiento, sino de respeto mutuo entre los líderes y las personas o compañías que dirigen.

Al final de este libro podrás realizar un sencillo test para comprobar tu nivel de soledad frente al liderazgo. También hay unos consejos prácticos para líderes que ya no lo son pero continúan con su vocación o deseo de serlo.

El liderazgo es un trabajo solitario, pero hay una fuerza inigualable en saber comunicarse con los que nos rodean y nos acompañan en el largo camino de la vida. Aunque algunas cosas tendremos que hacerlas solos. El escritor, poeta y filósofo estadounidense Ralph Waldo Emerson nos dejó en una frase la clave, la necesidad de una soledad escogida al decir:

> Es fácil vivir en el mundo según las opiniones del mundo; es fácil, en soledad, vivir según nuestras opiniones; pero un gran hombre es aquel que en medio de las multitudes mantiene con perfecta dulzura la independencia de su soledad.[4]

No aplaces por más tiempo tu soledad no elegida o la soledad terminará por devorar tu liderazgo.

Primera parte

LA SOLEDAD DEL LIDERAZGO

Capítulo 1

LOS LÍDERES SOLITARIOS
DE LA HISTORIA

Solo la verdad es siempre ofensiva.

—Napoleón Bonaparte[1]

Cuando la soledad no es mala compañera

Todos los líderes han experimentado que llevar una organización, empresa o congregación al máximo de su potencial conlleva sufrir un gran desgaste físico y emocional. Cuando las fuerzas desaparecen de repente y el líder se siente desfallecer, el alejamiento por un tiempo del problema y la soledad puede ser un instrumento positivo para retomar su liderazgo.

Esta experiencia ha sido la escuela de muchos líderes. Hombres como Napoleón, Mandela o Churchill se encontraron solos, en muchos casos abandonados y traicionados, pero la soledad les sirvió para rehacer sus carreras, retomar las riendas de sus países y experimentar un profundo cambio interior. La única manera de edificar una empresa, iglesia o nación es construir dentro de nosotros unos sólidos cimientos interiores.

El proceso en todos ellos fue siempre el mismo, aunque cada uno sacó una lección distinta, ya que sus circunstancias eran radicalmente diferentes: aceptación, reconstrucción, planificación y recuperación del liderazgo.

El efecto isla

Napoleón, el hombre más poderoso de Europa, encerrado en veinte kilómetros cuadrados.

Napoleón, el hombre más poderoso de Europa, estaba sentado aquel 4 de abril de 1814 frente a sus mariscales. Todos ellos le debían sus cargos y carreras, pero en ese momento estaban presionándole para que dejara su puesto. La Coalición había penetrado en territorio francés con un ejército de medio millón de hombres y la situación era insostenible. Como el emperador de los franceses siempre había sido un tenaz negociador, logró abdicar en su hijo, imponiendo algunas condiciones, pero dos días más tarde, cuando uno de sus hombres de confianza, Marmot, le traicionó, tuvo que rendirse a la evidencia de su derrota.

El 11 de abril, en el Tratado de Fontainebleau, Napoleón renunciaba a la soberanía de Francia y aceptaba exiliarse junto a su familia a la isla de Elba, una minúscula ínsula italiana en medio de la nada. Su estado de ánimo era tan bajo que declaró: «Estoy molestando [...] ¿Por qué no terminan con todo esto?».[2]

Tuvo que exiliarse de Francia como un proscrito, disfrazado con uniforme austriaco y protegido por el ejército inglés, para que los monárquicos no le ahorcaran.

La llegada a la isla del hombre más poderoso de Europa debió de ser patética. Allí no había nada que hacer, su salud estaba seriamente quebrantada y todavía no era consciente de la profunda soledad que estaba a punto de apoderarse de su existencia. La isla no había sido elegida al azar, se parecía al sitio en el que se había criado de niño, Córcega, y a su querida ciudad de Ajaccio. Hermosas montañas, profundos acantilados y arenosas playas bañadas por el mar Mediterráneo. La tierra era muy fértil y ofrecía productos exquisitos, que una persona enferma, y sobre todo frustrada, hubiera disfrutado, renunciando a la acelerada y estresante vida de París.

El emperador tenía una máxima que no podía olvidar en medio de aquel paraíso obligado: «El pensamiento principal de un hombre bien situado es conservar su puesto».[3]

Durante aquellos meses, aquel gran emperador se dedicó a gobernar aquella minúscula isla, construyendo carreteras, un hospicio y un teatro. Al final regresó a Francia, pensaba que su destino no había terminado. Aquella corta estancia en soledad le había ayudado a recuperar fuerzas, superar la traición de sus colaboradores y animarse a reconquistar el poder. Napoleón tenía tan solo cuarenta y cinco años. Pero ¿cómo sería recibido por el pueblo? Ya no contaba con su antiguo poder ni su ejército.

El plan de Napoleón era muy simple. Desembarcó en el golfo de Juan cerca de Cannes y se dirigió a una de las ciudades de los Alpes, Grenoble, que aún le guardaban lealtad. Cuando unos soldados estuvieron a punto de detenerle, él les dijo: «Si alguno de vosotros quiere matar a su emperador, aquí estoy...».[4]

Unos días más tarde, sin haber disparado un tiro, Napoleón dormía en las Tullerías; en veinte días en Francia había recuperado el poder.

¿Por qué ayudó tanto a Napoleón ese tiempo de soledad? ¿Cómo fue su proceso de recuperación? ¿Qué aprendió de sus colaboradores?

Lo primero que tuvo que aceptar Napoleón Bonaparte fue que tenía limitaciones. Luchó en todos los frentes y se rodeó de enemigos muy poderosos.

John C. Maxwell, en su libro *Los 5 niveles de liderazgo*, definió bien esta Ley del Tope:

Toda persona tiene un límite en su potencial de liderazgo. No todos estamos dotados por igual. El desafío que enfrentamos es crecer y desarrollar nuestro pleno potencial de liderazgo, aumentando así el límite de nuestra capacidad de liderazgo.[5]

Napoleón había superado los límites de sus fuerzas físicas, de sus ejércitos y de la capacidad de sufrimiento de sus hombres por la causa del Imperio francés.

Dale Carnegie lo definía con la metáfora: «Si quieres recoger miel, no des puntapiés a la colmena».[6]

Cuando llegó a la isla de Elba comenzó su proceso de cambio el «efecto Isla»: aceptación, reconstrucción, planificación y recuperación del liderazgo.

Primero aceptó que era un hombre derrotado. Su famosa frase encierra una gran verdad: «La victoria tiene cien padres y la derrota es huérfana».[7]

Después de unos primeros momentos difíciles en los que tuvo que recuperarse físicamente y asumir la traición de sus mariscales, enseguida se puso a buscar cómo reorganizar su mente y volver a implementar en pequeña escala su visión del gobierno. Construye carreteras (progreso), un teatro (cultura y educación) y un hospicio (derechos sociales).

Lo primero que hace Napoleón al enterarse de la situación en Francia, donde su sustituto Luis XVIII no termina de agradar ni a monárquicos ni a republicanos, es planificar su retorno. Su plan está trazado al detalle. Acude a una de sus ciudades afines, busca el apoyo de sus antiguos camaradas y después va a la conquista de París.

Una vez recuperado el poder corrige su primera idea, la que lo ha llevado a perderlo todo. Por ello dice a sus hombres en una verdadera declaración de intenciones:

Como en otro tiempo de Egipto, he regresado ahora porque la patria estaba en peligro [...] No quiero hacer más la guerra. Es menester olvidar que hemos sido los amos del mundo [...] Antaño, yo perseguí el fin de fundar Estados Unidos de Europa, y para esto era necesario permitir ciertas instituciones que debían garantizar la libertad de los ciudadanos. Ahora, mi única mira es el afianzamiento de Francia...[8]

Steve Jobs hizo algo parecido al regresar a Apple, su empresa Next había sido comprada por su antigua compañía para utilizar su software. Jobs intentó volver a dominar su antigua compañía, pero sin utilizar su arrolladora personalidad. Se reunió con el gerente de aquel entonces, Gilberto Amelio, y simplemente ocupó su puesto:

> Así pues, esa tarde y para su sorpresa, Amelio recibió una llamada de Jobs: Bueno, Gil, solo quería que supieras que he estado hablando hoy con Ed sobre todo este asunto y me siento muy mal por todo ello —afirmó—. Quiero que sepas que yo no he tenido nada que ver con este giro de acontecimientos. Es una decisión que ha tomado el consejo, pero me pidieron asesoramiento y consejo...[9]

El «efecto isla» transformó la visión de Napoleón, le hizo superar sus debilidades físicas y emocionales, aceptar la traición de sus colaboradores, comenzar a aplicar sus habilidades, para después planificar su regreso y recuperar su puesto. Pero a veces la soledad escogida produce otros cambios fundamentales en la mentalidad del líder. Veamos cómo la prisión transformó la vida de Nelson Mandela.

El efecto piedra

Nelson Mandela pasó diecisiete años en la prisión de la isla de Robben y descubrió cómo se partían las rocas del rencor.

La vida de un líder verdadero nunca es fácil. No importa que lo sea en el terreno de las finanzas, la política o la religión. Los líderes abren la marcha y enseñan el camino, por eso son los primeros en encontrar los obstáculos y luchar contra los antagonistas.

Siempre que te salgas del camino trillado por el resto de personas, te llamarán loco, temerario, raro, irresponsable o engreído. En el mejor de los casos te cubrirán de críticas, se mofarán de ti o puede que tu atrevimiento sirva para que alguien te reemplace, pero si el camino emprendido es el verdadero, al final terminarán todos por reconocer que fuiste el primero en llegar.

Muchos son los que pueden acercarse a nosotros para halagarnos cuando hemos tenido cierto éxito o servimos en algún cargo de relevancia, pero siempre serán muchos menos los que nos apoyen, cuando nadie crea en nosotros.

Nelson Rolihlahla Mandela fue uno de esos hombres que no cedió hasta ver sus sueños hechos realidad. Mandela era un joven perteneciente a la casa real de uno de los clanes que componían el complejo mosaico de tribus en Sudáfrica. Su padre, Gadla Henry Mphakanyiswa, era uno de los principales consejeros del rey Thembu.

Mandela fue el primer miembro de su familia en acceder a una educación occidental, de hecho fue su profesora la que le puso el nombre británico de Nelson, aunque sus padres le habían llamado Rolihlahla, que significa textualmente «alborotador». Sus padres eran cristianos y por eso le enviaron a una escuela metodista. Mandela quedó huérfano de padre a los nueve años, pero la influencia de este le acompañaría toda su vida, ya que de él heredó el carácter rebelde y su deseo de justicia.

Mandela no se perdía ningún servicio religioso durante su infancia y adolescencia.

Estudió con ahínco, ya que sabía que de mayor se convertiría en uno de los consejeros del rey, como lo había sido su padre años antes. Tras su paso por la educación secundaria, estudió en la Universidad de Fort Hare, dedicada a la élite de los negros del país. Durante esta etapa se mantuvo en una línea conservadora, alejada de las reivindicaciones del Congreso Nacional Africano, que se había creado en 1911 para defender los derechos de los negros en Sudáfrica.

Tras su llegada a Johannesburgo, la capital, para huir de un matrimonio arreglado por su familia, consiguió algún trabajo precario hasta lograr entrar en un bufete de abogados. Siguió formándose en el curso por correspondencia de la Universidad de Sudáfrica. Más tarde estudió en la Universidad de Witwatersrand, convirtiéndose en el primer estudiante negro del campus.

¿Qué sucedió en la vida de este joven estudiante negro para que terminara en una de las peores cárceles de Sudáfrica? ¿Por qué abandonó su prometedora carrera de abogado y su futura acomodada vida por los más desfavorecidos? ¿Cómo superó la tentación del odio cuando llegó al poder?

Sudáfrica era un país basado en el odio y la desconfianza. Una desconfianza nacida entre las clases sociales, las razas, los grupos étnicos y nacionales. El inglés desconfiaba del holandés, este del africano negro y este a su vez de la comunidad hindú que habían instalado los británicos por ser una fuerza de trabajo más dócil. Todo ese odio y desconfianza podía convertir al país en una verdadera bomba de relojería, por eso Mandela descubría la poderosa fuerza del amor. Sus palabras parecen cargadas de la autoridad que da la razón y la sabiduría del hombre que sabe perdonar: «El odio se aprende, y si es posible aprender a odiar, es posible aprender a amar, ya que el amor surge con mayor naturalidad en el corazón del hombre que el odio».[10]

¿Dónde aprendió Nelson Mandela a amar?

La cárcel parece un lugar extraño para aprender a amar. Sobre todo cuando uno atraviesa las gruesas puertas de una prisión y nota la maldad que se respira dentro. Durante unas semanas he estado visitando una cárcel en mí país para impartir un taller gratuito. Después de atravesar cuatro gruesas puertas y llegar hasta el pabellón de los reclusos te sorprenden dos cosas. La primera es la angustia que produce el saberse encerrado y la segunda es el poco afecto o amor que hay dentro. Los hombres que acudieron al curso eran personas encantadoras, agradecidas y con ganas de aprender, pero, sin duda, en el día a día debe de ser duro para ellos estar encerrados. Sin nadie en quien confiar, intentaban pasar desapercibidos, pero al mismo tiempo haciéndose respetar por el resto.

Nelson Mandela estuvo acusado en varias ocasiones, pero logró evitar la cárcel o salir de ella tras un breve periodo. En el año 1962, las cosas iban a cambiar radicalmente. ¿Qué había sucedido? Tras su gira africana, su notoriedad había crecido y la presión que algunos países del entorno comenzaban a hacer contra el *apartheid*, hizo que su gobierno le viera como un peligro.[11]

El arresto se produjo el día 5 de agosto, durante un viaje en coche con Cecil Williams. Mandela fue arrestado cerca de la ciudad de Howick y encarcelado en la prisión de Johannesburgo de Marshall Square. La acusación era incitación a la huelga y la salida del país sin permiso. Mandela ejerció como su propio abogado. El joven letrado quería convertir el proceso en un juicio contra el estado, pero el gobierno no cedió y fue sentenciado a cinco años de cárcel.

El paso del sacrificio, del líder que ocupa en sus propias carnes el lugar de su pueblo, convirtió a Mandela en un mito.

Muchos hombres de Dios son admirados, pero muy pocos se convierten en un mito. Al fin y al cabo, el mito es siempre la creación de un sistema que otros pueden imitar y que funciona igual. El gobierno sudafricano estaba creando en su injusto sistema penitenciario a uno de los hombres más influyentes del siglo XX.

Un año más tarde de su encarcelamiento, el descubrimiento de unos papeles inculpatorios del partido fue la excusa perfecta para que la fiscalía aumentara su pena en un nuevo juicio. Ahora los cargos eran mucho más graves, ya que se le acusaba de sabotaje y conspiración para derrocar violentamente al gobierno.

Mandela llegó a pronunciar una famosa frase, tomada de otra persona, intentando demostrar su inocencia en el caso: «La historia me absolverá».[12] Mandela sufrió una derrota procesal, pero una amplia victoria moral. Tanto las Naciones Unidas como el Consejo Mundial de la Paz pidieron la anulación del juicio. Se produjeron protestas por todo el mundo. La situación de Sudáfrica saltaba al conocimiento de la opinión pública internacional.

La isla de Robben fue el terrible hogar de Nelson Mandela durante veinte años, pero también una terrible escuela de humildad y perdón.

La actitud de Nelson Mandela me recuerda las palabras del jefe de una gran multinacional que decía a sus empleados: «Caballeros, este año la estrategia será la honestidad».[13]

Lecciones aprendidas

La honestidad de Nelson Mandela le llevó a una terrible cárcel de Sudáfrica, pero allí aprendió cuatro lecciones: **lo que no te destruye te hace más fuerte, el desarrollo de nuestro mundo interior es imprescindible para liderar, el odio destruye y el amor es la fuerza más poderosa del mundo.**

La celda de Mandela era poco más que un cuchitril, con una cama en el suelo, una mínima mesita, una manta y un cubo para depositar sus necesidades. La mayor parte del tiempo el preso estaba aislado, ya que eran celdas individuales. De esta manera se buscaba minar la moral del condenado. Muchos hombres se vuelven locos al sentirse aislados; de hecho, el aislamiento es un castigo adicional a la prisión.

En la propia cárcel había discriminación racial. Los negros no se mezclaban con los blancos y recibían menos comida. Los presos políticos eran peor tratados que los comunes. En su biografía se describe el mal trato recibido durante su estancia en prisión.[14]

A pesar de todo, descubrió que la prisión le hacía más fuerte. Cada día les obligaban a picar piedras; él se dio cuenta de que la piedra más dura es el corazón humano. Si era capaz de doblegar el suyo, no sucumbiría al odio ni al rencor.

Moisés fue uno de los ejemplos más claros de líder que ha de pasar por la soledad para recibir las instrucciones y leyes para dirigir al pueblo de Israel. **El proceso de maduración del líder implica una soledad escogida**, en la que poder meditar y poner en marcha nuestro proyecto.

La segunda cosa que aprendió Nelson Mandela fue el desarrollo de su mundo interior: la soledad, en este caso obligada, le ayudó a conocerse mejor a sí mismo, a controlar su ira, su frustración y hacer cambios en su hombre interior. El autocontrol, la disciplina, la paciencia son habilidades que ayudan a los líderes a llegar a sus metas.

La tercera lección de Nelson Mandela fue la superación del odio que destruye. Los negros odiaban a los blancos por todos aquellos siglos de esclavitud y opresión. Los blancos odiaban y temían a los negros, pensando que si los liberaban o les daban más libertad, tomarían venganza. Cuanto más se odiaban, más daño se hacían mutuamente. Por eso Nelson Mandela fomentó una gran campaña de reconciliación cuando llegó al poder. Él mismo había experimentado esa regeneración en la prisión.

Durante el periodo que pasó en la prisión de Pollmoor buscó tener una mejor relación con los guardas y el alcaide. Los miembros del gobierno comenzaron a reunirse con él secretamente, para llegar a pactos, pero él quería romper con el estado racista y que se avanzara en las reformas de integración de la población negra y no cedió. Cuando llegó al poder impidió cualquier clase de linchamiento hacia los blancos. La cadena del odio y de la venganza debía romperse definitivamente.

La cuarta cosa que intentó poner en práctica fue la fuerza del amor. No es suficiente con no odiar. Necesitamos amar, para poder relacionarnos con nuestro prójimo. No nos preocupará el bienestar o la mejora de la vida de las personas que nos rodean si no sentimos nada hacia ellas.

Jesús anunció esta verdad del amor incluso a los enemigos, para terminar con la desconfianza innata del hombre. Él declaró esta máxima: «Así que, todas las cosas que queráis que los hombres hagan con vosotros, así también haced vosotros con ellos; porque esto es la ley y los profetas» (Mt 7.12).

Nuestro liderazgo debe aprender el «efecto piedra». La única manera de no sucumbir ante la envidia, el odio, el rencor y la ira es destruyendo para siempre esa piedra del orgullo que nos separa de los demás.

El efecto cabaña

Abraham Lincoln se crio en una humilde familia de Kentucky y se convirtió en uno de los presidentes más influyentes de Estados Unidos de América, pero el aprendizaje de sus primeros años fue fundamental para formar su carácter inquebrantable.

Kentucky es una de esas zonas del planeta en las que parece que nunca pasa nada. El tiempo avanza despacio, como si la única preocupación que hubiera en la vida fuera pasear por sus hermosos bosques. Abraham vino al mundo en una humilde cabaña en el condado de Hardin, un lugar solitario al que muchos estadounidenses de la época consideraban territorio salvaje.

Lincoln recibió el mismo nombre que su abuelo, asesinado por un indio ante los ojos de su propio padre Thomas. Su progenitor nunca se perdonó no haber reaccionado ante el asesinato de su padre y su hermano.

Los Lincoln eran una familia de agricultores que luchaba por sobrevivir en algunas de las zonas más duras del país. Procedentes de Inglaterra, habían llegado a las colonias en la primera mitad del siglo XVII. El abuelo de Lincoln se había distinguido en la milicia de Virginia durante la Guerra de Independencia. Gente fuerte, dura y recia que no tenía tiempo para halagos, muestras de cariño o afecto. Abraham tuvo que sufrir este sentimiento de lejanía de sus padres. El joven creció con la sensación de que las emociones eran malas y mostraban siempre debilidad.

Cuando la familia se trasladó a Indiana por un problema de disputas de tierras, las cosas no mejoraron notablemente en su nuevo hogar. Abraham perdió a su madre Nancy al cumplir los nueve años, la única persona que le había mostrado y expresado sus sentimientos. Una madrastra vino a ocupar el lugar de Nancy, lo que convirtió a Lincoln en una persona más taciturna y solitaria. Su madrastra se esforzó por tratar a Lincoln como a sus propios hijos, pero no logró criar a un joven alegre.

Abraham recibió sus primeras enseñanzas de su primo Dennis Hanks. Después, varios maestros itinerantes le enseñaron algunas cosas básicas, pero lo que realmente hizo que el joven se interesara por los libros fue su insaciable curiosidad. Podemos decir que Abraham fue un autodidacta. Leía todo lo que caía en sus manos, desde la Biblia a las fábulas de Esopo, la historia de Inglaterra, Shakespeare o poesía de algunos autores clásicos.

La lectura permitió que Lincoln se evadiera de su soledad.

El joven era diestro con el hacha y, cuando la familia se trasladó a Illinois, ayudó a su padre a construir la nueva residencia, preparar los campos y cultivar maíz.

A sus veintidós años, Lincoln ya estaba preparado para independizarse y buscar su propio camino. Aquel joven alto y delgado, de aspecto desgarbado y soñador, buen trabajador pero más tendente a pasarse horas leyendo, tenía que comenzar a ganarse la vida por su cuenta. Por eso, junto a dos amigos, aceptó el trabajo de llevar unas mercancías desde Springfield hasta Nueva York. Poco tiempo después, Lincoln se instaló en New Salem y comenzó a ocuparse en un almacén. Debido a su trabajo, tuvo que viajar a Nueva Orleans, donde sufrió el ataque a su barco de unos esclavos fugados. Los marineros lograron salvar la situación y llegar a la ciudad. En la ciudad de Nueva Orleans vio por primera vez una venta de esclavos y quedó horrorizado. Desde el presidente Jefferson, la importación de esclavos estaba prohibida en Estados Unidos, pero no la trata dentro del país.

Tras su regreso a New Salem trabajó en una tienda. Allí tuvo contacto con los colonos, personas duras que se sentían desengañados y solían ser muy ariscos. Aunque algo le atrajo mucho más, el club de debates de New Salem. Lincoln gestionó en aquella etapa un molino, la tienda y la serrería de su jefe, por lo que al ver sus cualidades, algunos líderes de la ciudad le animaron a que entrara en política. Al final militó en el partido de los Whigs y se centró en los problemas de sus vecinos en Illinois.

¿Por qué un hombre tan solitario y tímido se dedicó al arte de la política?

Sin duda, Lincoln creía que podía mejorar la vida de los demás. En sus años de formación había desarrollado una gran empatía por la gente, en especial por los más débiles. No logró obtener un cargo en la ciudad y poco después perdió su empleo y decidió cambiar de lugar de residencia, pero sus amigos le ayudaron a convertirse en el director de correos de la ciudad y regresó de nuevo a New Salem. Después se hizo ayudante de topógrafo.

En el año 1834, Lincoln regresó a la política y se postuló como candidato al congreso de Illinois. Poco después el joven político decidió estudiar Derecho. Dos años más tarde, ya había conseguido su propósito de licenciarse y convertirse en abogado. El joven leñador, el hombre sin oficio que tenía que llevar mercancías de un lugar para otro, comienza a sentar la cabeza. Lincoln ostentó el cargo en el Congreso durante varias legislaturas.

Además de político y abogado, inventó un mecanismo para impedir que los barcos encallaran.

En 1842, con el apoyo de su esposa Mary Todd, Lincoln optó a la Cámara de Representantes de Estados Unidos, pero se retiró como candidato antes de la votación. En la campaña presidencial de 1844 apoyó al candidato de su partido, Henry Clay, al que admiraba profundamente.

Lincoln llegó al Congreso en 1846. Destacó como congresista, pero su postura antiesclavista le granjeó muchos enemigos.

El 16 de octubre de 1854, en su Discurso de Peoria, fue cuando por primera vez se posicionó abiertamente contra la esclavitud. Ese mismo año se presentó como senador por Illinois, pero no consiguió el puesto. Poco después, el partido Whig se dividía a causa de la esclavitud y el decidió ayudar a crear uno nuevo, el Partido Republicano.

En 1858, Lincoln optó de nuevo al Senado, luchando arduamente contra su contrincante, con el que entabló siete debates, pero volvió a perder la elección. A pesar de su fracaso, el Partido Republicano decidió presentarle como candidato a las presidenciales. En 1860, Abraham Lincoln se convertía en el decimosexto presidente del país. Aquella victoria fue amarga, los secesionistas prometieron que si Lincoln llegaba a la presidencia ellos se independizarían de la Unión. El 20 de diciembre de 1860, Carolina del Sur fue la primera en declarar la secesión, seguida por Florida, Mississippi, Alabama, Georgia, Luisiana y Texas.

Lincoln había llegado al poder, pero su nación se encontraba dividida. Tenía enemigos por todas partes y la situación era desesperada. Se intentó llegar a un acuerdo que contentara a las dos partes, pero el Sur mantuvo su pulso a Washington. Su discurso de toma de posesión muestra mejor que ningún otro su determinación:

La inteligencia, el patriotismo, la religión y una firme confianza en ese Dios tan poderoso que siempre dispensó sus favores a este país, es todo cuanto necesitamos para resolver satisfactoriamente nuestras diferencias. Y a vosotros, compatriotas, los que estáis descontentos, permitidme que os diga que sólo de vosotros depende la paz o la guerra civil.[15]

Al final de la Guerra Civil, Abraham Lincoln fue asesinado por John Wilkes Booth el 14 de abril de 1865. Pero había logrado de nuevo unir al país y fortalecer la Unión.

Durante su mandato como presidente, Lincoln tuvo que enfrentar la etapa más dura de su vida. Sus decisiones militares y políticas provocaron en él una profunda soledad.

Lecciones aprendidas

La primera lección que podemos aprender de este gran presidente fue que logró escapar de la cabaña de Kentucky. Muchos líderes siguen arrastrando su pasado y las frustraciones que este les ha producido. En algunas ocasiones, las deficiencias en la infancia, la escasez material o de afecto convierten a muchos líderes en personas narcisistas, hambrientas de afecto y reconocimiento. En otras ocasiones, los líderes esconden su pasado, por temor a perder la admiración de las personas que les rodean. Este desarraigo termina convirtiéndolo en una persona ambiciosa y temerosa de perder sus privilegios.

La segunda lección que aprendemos de Lincoln fue su capacidad de superación. Una persona autodidacta como él consiguió terminar sus estudios en Derecho, postularse como congresista de su estado, después a nivel nacional y, a pesar de perder muchas elecciones, no se rindió jamás.

Sin embargo, **la tercera lección que aprendemos de la vida de este gran líder es cómo afrontó la soledad del liderazgo** durante la Guerra de Secesión.

La noche del 20 de febrero de 1862, en mitad de la guerra, su querido hijo William Wallace, de once años, moría en la Casa Blanca. La muerte de un ser querido puede producir en nuestro corazón una profunda soledad. Tras sus intentos de volver a la rutina, Lincoln se aisló del resto de sus colaboradores en su oficina. No podía parar de llorar. Al final, encontró consuelo en la fe. El presidente afirmó estar convencido de que a su hijo se lo había llevado Dios y que estaba mejor con él que en la tierra. Su aceptación de la muerte y de los designios divinos nos enseña que ante las cosas que no podemos cambiar debemos tomar siempre una actitud de sometimiento a la voluntad de Dios, por dura que nos pueda parecer en ese momento.

Por último, **Lincoln logró superar su síndrome de soledad por la oración.** Cuando el general Robert E Lee comenzó a perder sus batallas y la Unión a ganarlas, Lincoln confesó que había sido gracias a las horas que él había pasado de rodillas delante de Dios.

Abraham Lincoln llegó a escribir en septiembre de 1862 sobre la voluntad de Dios y cómo debemos aceptarla:

> La voluntad de Dios prevalece. En los grandes conflictos, las dos partes pretenden actuar de acuerdo a la voluntad de Dios [...]. Dios no puede estar a favor y en contra de una misma cosa al mismo tiempo. En la actual Guerra Civil puede que Dios tenga un fin distinto al que tienen ambas partes...[16]

Abraham Lincoln nunca permitió que sus complejos, ya fueran el fruto de las circunstancias o el resultado de su educación, le paralizaran en los momentos más oscuros del alma, cuando el líder no tiene a quién acudir y gana sus batallas de rodillas.

El efecto palacio

Winston Churchill fue un marginado entre los privilegiados y demostró que, aunque algunos comienzos no tienen por qué ser buenos, lo que importa es el final.

Todo el mundo tiene una imagen de Winston Churchill, un hombre de avanzada edad con un puro entre los labios y haciendo la señal de victoria. Algunos podríamos creer que un hombre criado en una mansión e hijo de Lord Randolph Churchill, varias veces ministro y presidente de la Cámara de los Comunes, iba a tener una vida fácil y llena de comodidades. Nada más lejos de la realidad.

Es cierto que Winston Leonard Spencer Churchill nació el 30 de noviembre de 1874 en el Palacio de Bleheim, Woodstock, Oxfordshire, pero sus padres sufrieron durante casi toda su vida apuros económicos.

La sociedad aristocrática despreciaba profundamente el origen plebeyo de la madre de Churchill, Lady Randolph Churchill, una mujer norteamericana, hija de un rico hombre de negocios y una de las damas más distinguidas de la sociedad; pero para la exclusiva nobleza inglesa no dejaba de ser una «salvaje» del otro lado del mundo.

Los padres de Winston apenas influyeron en su educación. Fue un niño solitario criado por su niñera, la señora Everest. La niñera, una devota cristiana, enseñó a Churchill los rudimentos de la fe. Algo que le dejaría marcado para siempre.

La única persona realmente cercana a Winston era su hermano John Spencer Churchill, que tenía seis años más que él. Durante la mayor parte de su infancia, Winston y John estuvieron en colegios privados, teniendo que sobrevivir al rígido sistema de educación victoriana.

Winston fue un pésimo estudiante y un niño enfermizo. Falto de afecto y con la dura carga de su apellido sobre él, Churchill tartamudeaba, era indisciplinado y se rebelaba a cualquier tipo de imposición.

La soledad de su infancia trajo consigo un carácter fuerte y determinado. Al pasar los años, ese carácter le permitiría afrontar uno de los momentos más duros de la historia de la humanidad, la Segunda Guerra Mundial.

Tras fracasar en sus estudios y pasar de puntillas por la universidad, se alistó en el ejército. Entró en una escuela militar, su familia tenía la esperanza que esto le convirtiera en una persona más disciplinada y capaz.

Entró en la Escuela para Oficiales de Caballería de Sandhurts. Allí la vida era muy distinta a la escuela y la mayoría de las asignaturas eran muy prácticas y le gustaban.

Tras la muerte de su padre y sus buenos resultados en la academia militar, Churchill se incorporó al ejército en 1894.

En los primeros años, el joven Churchill se manifiesta como un hombre clasista, conservador, con una fe ciega en el Imperio británico y en la superioridad del mundo anglosajón, no solo sobre las otras culturas indígenas, sino también sobre todos los países occidentales. Sin embargo, con el tiempo esta visión del mundo iría cambiando notablemente hasta enfrentarse a los miembros de su propia clase por el bien común de su país. Esto le produciría la soledad y el abandono por parte de su propio partido, su clase social e incluso, siendo primer ministro, de sus colaboradores más cercanos.

A pesar de las cosas positivas que le ofrecía el ejército, era muy costoso ser oficial. Tenía que mantener sus propios caballos, criados e incluso pagarse los uniformes. Su madre, que nunca había sido una persona muy juiciosa, gastó rápidamente el poco patrimonio que quedaba a los Churchill, lo que obligó al joven oficial a buscar ingresos alternativos.

Primero ayudó como corresponsal de guerra para el *Daily Telegraph* y el *Pioneer*. Los artículos no le proporcionaban muchos ingresos y se decidió a escribir su primer libro. En octubre de 1897 se publicó *The Story of the Malakand Field Force* y comenzó la redacción de una novela. La crítica habló positivamente del libro, pero reprochó muchas de sus incorrecciones.

Después de su estancia en la India, Churchill pidió que le trasladaran a Sudán. La guerra colonial en aquel territorio atraía a un hombre ávido de nuevas experiencias. Tras regresar a Inglaterra, Winston se centró en su carrera como escritor y periodista. Su libro sobre la guerra en Sudán fue un éxito de ventas, pero un nuevo camino comenzaba a divisarse en su destino: la política.

Su padre había sido político y el sueño de juventud de Churchill siempre fue seguir sus pasos. El político Robert Ascroft le animó a hacer campaña y sustituir a un parlamentario enfermo que no se presentaría a las próximas elecciones. Como le sucediera a Lincoln, Churchill tuvo que sufrir varias derrotas antes de satisfacer sus ambiciones políticas. El joven Churchill militó en el Partido Conservador, pero enseguida se granjeó muchos enemigos. Por un lado por su carácter franco y abierto, pero sobre todo por su independencia.

La Guerra de los Boers supuso un paréntesis en la carrera política de Winston, pero permitió que ganara cierta popularidad al ser hecho prisionero y después participar en una rocambolesca fuga.

Su regreso a Inglaterra le deparó por primera vez en su vida la experiencia del éxito. Aquel joven tímido, criado en un palacio frío y sin el calor de sus padres, había logrado superar todos sus temores y complejos. En poco tiempo se convirtió en el mejor orador de su partido y en un escritor muy conocido.

Winston Churchill destacó enseguida en la política, aun siendo muy joven. Pero su crítica feroz al gobierno terminó por pasarle factura y el joven político entró en el Partido Liberal.

En su etapa dentro del Partido Liberal ocupó diferentes cargos políticos, como secretario de Hacienda y más tarde ministro de Comercio. En ambas carteras propició cambios de calado, que no gustaron muchos a otros miembros del gobierno. Su eficacia y creatividad ponía en evidencia la mediocridad de muchos de sus compañeros de gabinete. Tras ejercer estos dos cargos se convierte en ministro de Interior, aunque su papel más destacado estuvo en el Almirantazgo.

La Gran Guerra puso a prueba la capacidad de liderazgo de Winston. Durante más de una década, el joven político había denunciado la desidia de muchos gobiernos a la hora de rearmar al Imperio británico. Cuando en 1914, Alemania y el Imperio austrohúngaro declaran la guerra a Serbia, y después a Francia y Gran Bretaña, la armada británica no estaba bien pertrechada.

El primer gran fracaso de Churchill sería en una de las batallas más cruentas para los ingleses, el intento de conquistar la península de Galípoli y llegar a Estambul. El joven político tuvo que dimitir y, tras una carrera ascendente, se encontró fuera del sistema político británico.

Winston decidió luchar en la guerra como oficial y se incorporó al Segundo Regimiento de Granaderos.

En 1917, Churchill logró recuperar la confianza del gobierno y convertirse en ministro de Armamento y más tarde ministro de Guerra. Desde aquel momento advirtió del peligro del comunismo y, durante la década de los años treinta, insistió en el riesgo del nazismo.

La década de los veinte devolvió a Churchill de nuevo al aislamiento y la soledad. Dejó el Partido Liberal y barajó dejar la vida pública, pero su gran tesón le hizo regresar a la política activa por el Partido Conservador.

Durante casi cinco años pasó por el desierto de la política, en su partido nadie se fiaba de él, pero en 1926 se le ofreció la dura cartera de Hacienda. Tuvo que solventar la crisis de la posguerra y el crac de 1929, perdió gran parte de la fortuna que tanto le había costado conseguir.

En la década de los treinta, los conflictos dentro de Europa y el ascenso de Adolf Hitler al poder le prepararon de nuevo para ejercer el papel más importante de su vida, convertirse en Primer Ministro.

Chamberlain y MacDonald, los primeros ministros que le precedieron, sufrieron los duros ataques de Churchill, que no creía en la política de apaciguamiento que se estaba haciendo con Alemania.

Uno de los pocos británicos que no se sorprendió del ataque relámpago de los nazis sobre Polonia fue Winston Churchill. Chamberlain se vio desbordado por los acontecimientos y el rey pidió a Churchill que formara gobierno.

El ya maduro Winston Churchill llegó al cargo de Primer Ministro en uno de los momentos más difíciles de la historia de Gran Bretaña. Podemos afirmar que las Islas Británicas no habían sufrido una amenaza tan real desde el intento de invasión en el siglo XVI por Felipe II. Ni las guerras napoleónicas, ni las diferentes guerras coloniales, ni siquiera la Gran Guerra, habían supuesto un peligro real para los británicos.

La sociedad se sentía escéptica y apática ante la guerra. ¿Cómo convencer a un pueblo de que tenía que luchar hasta el último aliento?

Las palabras de Winston Churchill al pueblo inglés aún resuenan en la conciencia de los pueblos. Unas palabras de aliento que demuestran cómo un líder a veces es capaz de enfrentar la adversidad. Son solo cuatro palabras, pero con una gran fuerza emocional: «No tengo nada más que ofrecer que sangre, esfuerzo, lágrimas y sudor...».[17]

Aquel hombre de carácter fuerte, pertinaz, locuaz, casi inconmovible tuvo que enfrentar una de las tareas más difíciles de su carrera y de su vida. Pero antes tuvo que luchar con el niño mimado e indolente, con el adolescente rebelde y altivo, con el joven impetuoso y sarcástico; todos ellos pujaban por salir, por impedir que Winston Churchill se convirtiera en el padre de todo un pueblo, en la única esperanza contra el mal. El «efecto palacio» en el que se crio quedaba diluido por su voluntad de sacrificarse por su nación. Sin duda, aquel hombre había aprendido la lección más importante de su vida. **En la cima de la montaña siempre se está solo.** Las tablas de la ley únicamente pueden darse a una persona y su carga a veces puede parecernos insoportable.

El efecto canasta

Moisés el niño abandonado que se convirtió en príncipe, pero renunció a todo por amor al pueblo de sus padres.

A todos nosotros, como ministros de Dios, la figura de Moisés nos parece mucho más cercana que la del resto de personas que hemos puesto como ejemplo de resistencia ante el aislamiento y la soledad del liderazgo.

En la actualidad, la práctica política y la espiritual están completamente separadas, pero, como nos dice la Biblia, Dios quita y pone reyes.[18] En el pasado, algunos hombres de Dios tuvieron que ejercer ambos cargos a la vez. Uno de esos hombres fue Moisés. Todos conocemos la historia.

El pueblo hebreo había vivido en paz en Egipto desde los días de José, pero, a medida que el pueblo aumentaba, los egipcios los percibían como un peligro.

Los hebreos vivían en la tierra de Gosén, una zona del Alto Egipto muy rica en pastos, pero que los egipcios consideraban poco atractiva. Curiosamente, esta tierra se encuentra en la zona oriental del Nilo, en el paso natural hacia el mar Muerto y la tierra prometida.

Por temor al crecimiento de los hebreos, los egipcios dictaron leyes muy estrictas contra ellos, hasta el punto de condenar a todos los niños varones a la muerte tras su nacimiento. Iojeber (Jocabed), esposa del sacerdote Amram, decidió desobedecer la ley y esconder a su hijo Moisés. Al final dejó a su pequeño en las peligrosas aguas del Nilo, tal vez con la esperanza de que la hija de Faraón, que se bañaba en las cercanías, adoptara al niño. Moisés fue rescatado de las aguas y, gracias a la intervención de su hermana Miriam, su propia madre pudo amamantarlo y descubrirle su verdadero origen.

Moisés fue criado como un príncipe egipcio, pero con la influencia de su verdadera familia hebrea.

Debido a un arrebato de furia al proteger a uno de sus paisanos, Moisés tuvo que huir de Egipto e instalarse en Madián, donde se casó con Séfora, hija de Jetro, un ganadero importante de la zona.

La vida de Moisés transcurría apacible hasta que Dios le llamó para liberar a su pueblo. Es curioso que, a pesar del tiempo transcurrido, las secuelas de su origen mestizo, criado como un egipcio pero nacido de una mujer hebrea, pesaran en su carácter y forma de ser. Moisés se excusó ante Dios para no cumplir su misión, sobre todo por sus dificultades para hablar, a causa de su tartamudez, aunque Dios insistió en que le sirviese.

Ya conocemos la historia de la lucha entre Dios y Faraón, las diez plagas que sacudieron la tierra de Egipto y que al final lograron liberar al pueblo del yugo de Faraón. Moisés dirigió al pueblo por el desierto, inspirado por Dios, que le dotó de una ley muy avanzada para aquel tiempo y un decálogo que sigue vigente en todas las legislaciones del mundo. Pero había un problema, Moisés quería llevar toda la carga él solo.

La carga del pueblo era tan grande que Moisés comenzó a sentirse agotado. El único que pareció hacerle entrar en razón fue su suegro Jetro. Aquel jefe de pastores conocía muy bien la importancia de delegar el trabajo en las personas de confianza que te rodean. En cambio Moisés se empeñaba en hacer todo el trabajo por sí mismo. Las palabras de Jetro son muy elocuentes, pero muchos líderes llegan hasta la extenuación por no hacer caso al consejo de Jetro:

> Tu procedimiento no es el correcto, pues os agotaréis tú y toda esa gente. La tarea sobrepasa tus posibilidades y no puedes despacharla tú solo. Escucha mi consejo, y que Dios te asista. Tú eres el representante del pueblo ante Dios y a ti te corresponde presentarle sus asuntos. Debes también instruirlos sobre las leyes y preceptos, enseñándoles cómo deben comportarse. Pero tienes que escoger entre el pueblo a hombres capacitados, temerosos de Dios, hombres en quienes puedas confiar, insobornables, y nombrarlos responsables de grupos de mil, de cien, de cincuenta y diez personas. Ellos administrarán la justicia ordinaria; a ti llegarán los asuntos graves mientras ellos se ocuparán de las cosas menos importantes. De este modo, aliviarás tu carga al compartirla con ellos. Si pones esto en práctica, Dios te asistirá, tú podrás aguantar el esfuerzo y la gente quedará satisfecha. (Éx 18.17–28, BLP)

¿Cómo podía sentirse Moisés solo rodeado por una multitud?

En muchas ocasiones, como veremos en los próximos capítulos, el estar rodeado de gente puede aumentar aún más la sensación de soledad.

Moisés no había superado el «Efecto Canasta». Un niño huérfano, judío pero educado por una egipcia, en cierto sentido siempre tenía que estar mostrando la autenticidad de sus orígenes, intentando acallar las críticas y murmuraciones que sin duda apuntaban hacia su forma de hacer las cosas y sus costumbres diferentes. Ser líder en una cultura ajena a la tuya es tarea muy difícil, ya que a los problemas comunes del liderazgo se unirán los choques culturales y las cosmovisiones diferentes.

¿Es normal que te sientas solo?

Sí, el liderazgo es siempre un trabajo solitario, pero durante las próximas páginas buscaremos las herramientas que nos permitan no aislarnos. La soledad escogida siempre es buena; el aislamiento producido por los problemas emocionales, los choques con tu equipo, las fallas de tu propia personalidad, para lo único que servirán será para agotar tus fuerzas y destruir tu ministerio.

El «efecto Elías» se ha convertido en los últimos tiempos en la tumba de muchos pastores, líderes y colaboradores. La mejor manera de evitar este «efecto Elías» es prevenirlo y, si se está produciendo, atajar sus consecuencias sobre nosotros y los demás.

CONCLUSIONES DEL CAPÍTULO

1. Los grandes hombres han sufrido el proceso de soledad, tú también lo experimentarás tarde o temprano.

2. El sufrimiento y frustración que la soledad produce puede transformarse en resiliencia y fuerza interior. Lo que no logra destruirnos siempre nos hace más fuertes.

3. Las etapas de soledad en el liderazgo siempre nos preparan para ir un paso más allá. En cierto sentido, son los trampolines de nuestro ministerio. No olvidemos las palabras de Jesús: «El amo le contestó: "Está muy bien. Has sido un administrador honrado y fiel. Y como has sido fiel en lo poco, yo te pondré al frente de mucho más. Entra y participa en mi propia alegría"» (Mt 25.21, BLP).

4. La soledad nunca debe desembocar en aislamiento. Lo primero nos ayuda a hacernos más fuerte, lo segundo nos mina desde dentro hasta destruirnos por completo.

5. Nunca olvides que no estás solo. Dios está a tu lado. Cuando Cristo ascendió a los cielos dejó a nuestro lado al Consolador, el Espíritu Santo.

Capítulo 2

LA SOLEDAD DE JESÚS

¡Eloí, Eloí! ¿lemá sabaqtaní? (que significa: «Dios mío, Dios mío,
¿por qué me has abandonado?»).

—Jesús de Nazaret (Mt 27.46)

UNA VEZ, LA ESPOSA DE MI PASTOR ME HIZO UN COMENTARIO ACERCA de mi padre que me sorprendió. Mi padre era un hombre humilde, albañil de profesión y analfabeto. Tenía un gran sentido común, era franco, directo y bastante racional, pero su escasa formación le hacía tosco en muchas ocasiones. Aquella mujer se acercó a mí después de que mi padre hablara en público y yo me levantara para puntualizar algunas de las cosas que él había dicho. «Mario —me dijo sorprendida—, siempre he admirado que no te avergonzaras de tu padre». Aquellas palabras me dejaron estupefacto. ¿Cómo podía avergonzarme de la persona que me había dado la vida? ¿Acaso era yo mejor que aquel hombre que durante setenta años se había levantado muy temprano para hacer un trabajo duro que encallecía sus manos?

El origen y la identidad son muy importantes para afrontar la soledad, ya lo hemos comentado en el capítulo anterior, pero tenemos el modelo de modelos para entenderlo: Jesús de Nazaret.

No olvides los orígenes

Jesús provenía de una de las regiones más despreciadas de Israel, Galilea. Una de las ciudades más insignificantes de aquella región era Nazaret. Aquella región y Nazaret en particular eran consideradas unas tierras mestizas, en las que los judíos habían perdido en gran parte su pureza. En la antigüedad había pertenecido al Reino del Norte, parte desgajada de Israel y de su corazón Judá. Los nazarenos no eran solo considerados pueblerinos, iletrados y herejes, también eran despreciados por la pobreza de su región e incluso por su forma de hablar.

Cuando el apóstol Felipe habló sobre Jesús a uno de sus amigos, Natanael, este se sorprendió de su origen, ya que en Nazaret nunca había surgido un profeta y era una ciudad insignificante.[1]

Los enemigos de Jesús, cuando le querían despreciar, le llamaban Jesús Nazareno o Jesús de Nazaret. Él nunca se avergonzó de su origen, a pesar de que sus paisanos le despreciaron y casi le asesinaron cuando confesó ante ellos que era el Mesías que esperaba Israel.[2] Él mismo tuvo que confesar con tristeza que «nadie es profeta en su tierra».[3]

Las raíces y la identidad son muy importantes para no sentir el efecto de la soledad y la incomprensión en nuestra vida. ¿De dónde vienes? ¿Quién es tu familia? No importa lo humilde que sea, lo importante es que tú eres quien eres por ellos, aunque no cumplan tus expectativas o tu pasado sea muy sórdido.

El padre de un importante líder en Estados Unidos se acercó a mí en una comida. Era un hombre mayor, pero muy afable. Me contó sus problemas con el alcohol y cómo tras convertirse dedicó la mayor parte de su vida a ser misionero. Sus hijos en la actualidad sirven a Dios en diferentes ministerios. ¿Hay un linaje mejor que este? Ni la Reina de Inglaterra tendrá jamás un pasado tan honorable como esta familia. Él no había olvidado de dónde le había sacado Dios y eso le mantenía firme.

Sabes quién es tu padre

Jesús conocía bien su identidad humana, pero no se le escapaba su origen divino. Fue un hijo honrado y respetuoso, amó a sus padres y cuidó a su madre hasta los treinta años de vida. No olvidemos que Jesús dedicó la mayor parte de su vida a su familia, no al ministerio. Cuando en otras ocasiones he reflexionado sobre eso, siempre me he quedado boquiabierto. Estimado líder, **tu principal misión es tu familia**. Ellos deberían ser los más importantes para ti, a los que dediques la mayor parte de tu tiempo. Esto me recuerda la anécdota del pastor que estaba predicando y, a mitad del sermón, su familia entró en la iglesia cargada de maletas y se sentó en la primera fila. El predicador se encontraba tan azorado e inquieto que aceleró el sermón para saber qué le pasaba a su familia. Cuando el hombre bajó del púlpito con la cara desencajada y se acercó a su hijo pequeño le preguntó: «¿Dónde van con esas maletas?». El niño le contestó: «Como él único lugar en el que hablas de amor es en la iglesia, hemos decidido trasladarnos a vivir aquí».

Una vida de ejemplo y testimonio nos llevará a cumplir la verdadera misión de nuestra vida: ayudar y bendecir a nuestra familia.

Cuando Jesús descendió con sus padres a Jerusalén y en el camino de regreso desapareció, ellos fueron a buscarle al templo. Se acercaron a él preocupados y le preguntaron por qué les había hecho eso, él les contestó: «¿Y por qué me buscabais? ¿No sabéis que debo ocuparme de los asuntos de mi Padre?» (Lc 2.49, BLP).

Jesús era consciente de que su padre era Dios. Que tenía que prepararse para una misión especial. Por ello, a pesar de poner a nuestra familia en un lugar preminente en nuestra vida, como líderes cristianos, no se nos debe escapar que Dios es nuestro Padre.

Recuerdo el caso de una familia de líderes que tenían unos hijos brillantes. Aquellos chicos eran buenos estudiantes, obedientes y consagrados en la iglesia, pero sus padres les habían idolatrado. La familia pastoral era intocable, cuando uno de sus miembros era cuestionado o simplemente discutido se portaba como una especie de clan capaz de cualquier cosa. Nunca podemos olvidar que como líderes debemos tener presente que servimos a Dios y nunca poner a nuestra familia en el lugar que únicamente le corresponde a él.

El desierto y la soledad elegida

Antes de comenzar un proyecto, un ministerio o una etapa nueva, siempre es aconsejable que pasemos un tiempo en soledad. Eso no significa que no debamos pedir consejo, ayuda, apoyo u oración, antes de tomar nuestra decisión.

Jesús, siendo el Hijo de Dios, se acercó al líder espiritual de su generación, Juan el Bautista, para recibir de él reconocimiento. No porque lo necesitara; en su caso, toda su autoridad provenía directamente de Dios, lo hizo para ser un ejemplo a los demás.

Un pastor siempre tiene que pedir consejo a la hora de tomar decisiones. Lo debe hacer con algunos de sus subordinados, también con colegas que no dependan directamente de él. En muchas ocasiones he visto a pastores que únicamente buscan el consejo de las personas que saben que les van a confirmar sus planes, como si temieran que alguien les fastidiara su «visión», pero se están saltando el principio de sometimiento. El único que no necesita someterse a nada ni nadie es Dios, el resto de los mortales, líderes incluidos, deben someterse primero a Dios y después a aquellos a quienes Dios ha puesto en autoridad.

El apóstol Pablo también nos dio ejemplo en esto. Cuando acudió a la iglesia de Jerusalén para recibir el apoyo del resto de los apóstoles. Incluso él mismo nos dice que les contó lo que enseñaba a los gentiles, a los líderes de Jerusalén, por si en algo estaba equivocado.[4]

Jesús, en obediencia, se bautizó en el bautismo de arrepentimiento de Juan el Bautista, a pesar de que este reconoció que no era digno ni de desatar sus zapatos.

Una vez que Jesús se sometió a la autoridad puesta por Dios, Dios mismo se complació y lo anunció en voz audible.

Tras este acto de humildad y obediencia, Jesús eligió la soledad del desierto antes de comenzar su ministerio público. ¿Qué buscaba Jesús en el desierto? ¿Buscaba probarse a sí mismo?

Jesús deseaba encontrarse con Dios. La soledad elegida para buscar a Dios siempre es buena, porque fortalece nuestro hombre interior y nuestra conexión con el Padre. Además, a la oración Jesús añadió el ayuno. Tenía que enfrentar una gran lucha espiritual y debía estar preparado.

La soledad elegida de Jesús le llevó a sufrir, simbólicamente, los cuarenta años en el desierto del pueblo de Israel. El nuevo Moisés tenía que regresar para salvar a su pueblo, pero en el camino de vuelta le asaltó la tentación.

La tentación siempre llega en soledad

Se suele decir que un verdadero caballero es el que se comporta igual en público que en privado. La tentación siempre viene en las horas de soledad. A veces es una soledad mal empleada, como le sucedió al rey David con Betsabé, que en lugar de ir a la guerra con su general, estuvo ocioso en el palacio.

La ociosidad siempre es mala consejera. Jesús, en cambio, fue tentado aprovechando el diablo su debilidad física tras el ayuno.

La debilidad va a llegar en muchos momentos a nuestra vida, sobre todo cuando estemos solos o mal acompañados. Jesús la enfrentó con dos armas conocidas: la Palabra de Dios y la astucia.[5]

Tenemos que identificar la tentación, como hizo Jesús, y sacar de ello lo que parece positivo y razonable, ya que el diablo siempre va a usar medias verdades o argumentos convincentes. No olvidemos que es el padre de mentira.

La soledad antes de acometer un nuevo proyecto nos ayudará a escuchar la voz de Dios y sobre todo, a no actuar impulsivamente. Ya sea motivado por la emoción, el apoyo de otros o las circunstancias, Jesús podía haber pensado: «Mi momento es ahora. Juan el Bautista, el hombre más espiritual de mi generación me ha apoyado públicamente. Tengo que hacerme con toda esta gente para que me siga». A Jesús no le preocupaban los números y su éxito se resumía en hacer la voluntad de su Padre.[6]

Hablando claro

Tenía diecisiete años cuando encontré a un amigo misionero que estaba escribiendo las cartas a las iglesias que le apoyaban en su país. Una a una me fue contando algunos detalles de cómo se encontraban todas las congregaciones. En varias de ellas las palabras fueron las mismas: «Este pastor no dice a la congregación lo que piensa de verdad y lo que Dios quiere, por temor a perder su sueldo».

Un reconocido escritor afincado en Miami me hizo un comentario muy parecido tras la aparición de un polémico libro suyo en el que se criticaban algunos comportamientos no bíblicos. Aquel hombre ya anciano me comentó: «Muchos de mis amigos de juventud me han reconocido que continúan en sus organizaciones o iglesias, porque no tienen a dónde ir, a pesar de que saben que hay muchas cosas que debían denunciar en ellas».

Jesús nunca temió la soledad del justo, de aquel que practica la verdad aunque llegue a quedarse solo. Cuando todos se escandalizaron en Capernaum por sus palabras él les dijo: «¿Queréis acaso iros también vosotros?» (Jn 6.67, RVR95).

El mensaje no puede ser cambiado para agradar a los hombres. Cuando hacemos eso nos prostituimos como ministros de Dios y él nos pedirá cuentas. No se puede llamar a lo malo bueno ni a lo bueno malo. Esa presión la recibiremos constantemente: cuando nos neguemos a casar a una pareja en la que uno de los dos no es creyente, cuando pongamos en disciplina a una persona popular o poderosa en la congregación, etc. Muchos líderes prefieren no enfrentarse a esas cosas, pero al final terminan por sentirse aislados. Atrapados en sus propias contradicciones, separados de Dios y su voluntad.

Solo ante el peligro

El momento en el que Jesús experimentó la soledad plena fue en la cruz, pero antes de llegar a ese punto analicemos la noche en que fue entregado.

No quiero ni imaginar la angustia que yo mismo sentiría si supiera el día de mi muerte. Afortunadamente, ninguno de nosotros lo puede saber, aunque alguno llegue a percibir que se aproxima.

Una de las predicaciones más impactantes que he escuchado en mi vida fue la pronunciada por Martin Luther King la noche antes de su asesinato. El reverendo King estaba visitando la ciudad de Memphis, adonde había acudido en ayuda de los barrenderos de la ciudad, que luchaban por sus derechos. Aquella noche, mirando con sus ojos agotados a la congregación, con el peso de su vida pública, la carga de las amenazas, las traiciones y sinsabores del servicio a los hombres, dijo:

No sé lo que va a suceder ahora, tenemos tiempos difíciles por delante, pero realmente no me importa. Porque he estado en la cima de la montaña. Como a cualquiera, me gustaría vivir una larga vida. La longevidad es importante, pero ahora mismo no estoy preocupado por eso. Sólo quiero hacer la voluntad de Dios. Y Él me ha permitido subir a la cima de la montaña. He mirado a lo lejos y he visto la Tierra Prometida. Puede que no consiga llegar allí con vosotros. Pero quiero que sepáis esta noche que nosotros, como pueblo, llegaremos a la Tierra Prometida. Así que esta noche estoy feliz. No estoy preocupado por nada, no le temo a ningún hombre, ¡mis ojos han contemplado la gloria de la llegada del Señor![7]

Las palabras de King siguen conmoviéndome a pesar de haberlas escuchado tantas veces, pero la sospecha del reverendo se convierte en la certeza de Jesús. Él sabía a ciencia cierta que iba a morir.

Puedo imaginar a Jesús de rodillas en aquel monte solitario. Rodeado por algunas de las personas que amaba más en el mundo, aunque faltara su madre y algunas mujeres a las que tenía un gran aprecio. La

Biblia narra la escena con gran crudeza. Jesús sudaba gotas de sangre. Sus amigos se quedan dormidos a su lado y tiene que enfrentar solo, una vez más, su destino.

Jesús acepta la voluntad de Dios. El hombre siempre ha regateado con Dios, ha querido torcer su voluntad para cumplir sus caprichos, pero EL HOMBRE con mayúsculas está delante de su Padre. Está tembloroso, no por temor, por emoción y cercanía a Dios. Por dos veces le pide a Dios que pase de él aquella copa, pero antepone la voluntad de Dios a la suya.

¡Qué ejemplo!

Cuando intento cuestionar a Dios me acuerdo de las palabras de Jesús. Cuántas copas amargas he evitado, cuántas veces he impuesto mi voluntad ante Dios y, aun así, él me sigue amando. Pero hasta que no aprendamos a poner de rodillas nuestro corazón y no nuestras piernas, no sabremos lo que Jesús sintió.

La soledad de la cruz

Imagino cuando el madero puesto en pie entró en el agujero. La cruz debió de retumbar y los clavos de los pies y las manos desgarraron la carne de Jesús. Un dolor insoportable debió de invadirle, pero él no temía al dolor.

Desde la cruz es desde donde se observa el mundo tal y como es. En la cruz descubres de qué están hechos tus amigos, ves la injusticia, contemplas las burlas de aquellos que se enfangan más en sus miserias. A la altura de la cruz el hombre es muy pequeño; sus miedos y ambiciones parecen tan ridículos...

Jesús pide a Dios que perdone y no tome en cuenta ese pecado a la humanidad. Nosotros, todos nosotros, estábamos clavando a Jesús en la cruz. Todos le habían abandonado, pero Dios seguía a su lado. Hasta que el momento más dramático está a punto de suceder.

Jesús nota que su hora ha llegado y grita: «*¡Eloí, Eloí! ¿lemá sabaqtaní?* (que significa: "Dios mío, Dios mío, ¿por qué me has abandonado?"» (Mr 15.34, BLP).

La peor de las soledades se ha cumplido, la soledad de Dios. Un tipo de soledad que nadie ha sentido jamás. Únicamente Cristo la experimenta, la separación por los pecados de todo el mundo convierte a Jesús durante un instante en anatema.

El abandono de Dios es la mayor de las soledades, pero él nos ha prometido que no nos abandonará jamás. Son emocionantes las palabras del salmista cuando dice: «Aunque mi padre y mi madre me dejen, con todo, Jehová me recogerá» (Sal 27.10, RVR95).

Jesús afrontó la soledad como líder, pero logró superarla, porque sabía en quién había creído. Él nos enseñó el camino. Un sendero estrecho y difícil, pero que lleva hasta el mismo cielo.

CONCLUSIONES DEL CAPÍTULO

1. Jesús sabía quién era y de quién había venido. Dedicó la mayor parte de su tiempo a su familia, aunque cuando estos le negaron él supo mantenerse firme. Reconoció que provenía de Dios y que no podía colocar nada en el lugar que únicamente le corresponde a él.

2. A pesar de ser Dios, el Mesías y el hombre más santo de la historia, se sometió a la autoridad de Juan el Bautista. Necesitamos someternos y reconocer a personas por encima de nosotros.

3. Luchó contra la tentación que produce la soledad y la debilidad con la Palabra de Dios y con astucia, no dejándose engañar ni manipular.

4. No temió nunca quedarse solo por decir la verdad. No adulteró la Palabra de Dios y la defendió sin importarle el éxito o fracaso humanos.

5. En la soledad de la decisión más difícil de su vida, cuando sus amigos no supieron acompañarle, prefirió someterse a la voluntad de Dios antes que a la suya. Al morir en la cruz enfrentó la peor de las soledades, la separación de Dios al cargar con los pecados del mundo, pero nos ha prometido que nosotros nunca estaremos solos.

Capítulo 3

MORIR DE ÉXITO

¿Qué causó que líderes con dones como Frank Tillapaugh,
Gordon MacDonald, Jim Bakker, Jimmy Swaggart y
otros cayeran de modo tan dramático a pesar de su obvio
amor por Dios y su pasión por la Iglesia?

—Gary McIntosh y Samuel D. Rima[1]

La presión para tener un liderazgo de éxito produce un gran estrés
en los líderes.

Cuando pensamos en el desgaste que puede producir el éxito en los pastores y líderes cristianos, siempre nos vienen a la cabeza casos escandalosos en los que han estado involucrados el sexo o las finanzas, pero la mayoría de los pastores y líderes cristianos perecen a su propio éxito o a la presión por alcanzarlo por otras razones.

Cuando Gordon MacDonald, uno de los escritores que más admiraba, tuvo problemas matrimoniales graves y se apartó del ministerio por un tiempo, escribió su libro *Rebuilding Your Broken World*. En él describe de una manera increíblemente sincera el proceso de restauración que tuvo que tener su vida y ministerio.

Un escritor conocido, Gerardo de Ávila, en su libro *El purgatorio protestante* nos habla de que el único ejército que remata a sus heridos es el cristiano. En muchas ocasiones, los líderes se enredan en sus vidas y terminan por zozobrar precisamente por ese temor a mostrar sus debilidades en público y aparentar una vida de perfección.

La caída de grandes líderes no es nada nuevo, tampoco las causas por las que suelen caer. Tenemos numerosos ejemplos en la Biblia, que, en contra de nuestra manera de actuar en la actualidad, suele ser muy explícita en explicar los pecados y problemas de los líderes de Dios.

Pero ¿por qué el éxito es tan peligroso? ¿Cuál es la razón de esa predisposición a la caída?

Una de las consecuencias de las caídas de los grandes líderes cristianos es el revuelo mediático y social que levantan. Los medios de comunicación están siempre ávidos de nuevas noticias y, cuanto más escandalosas y escabrosas sean, más difusión mediática tendrán.

No podemos olvidar que los cristianos somos un referente moral para la sociedad. En la actualidad la gente no espera un comportamiento moral ejemplar de los políticos, tampoco de los grandes empresarios y hombres de éxito, pero sí continúa esperando esos principios morales en los líderes religiosos.

La inmoralidad sexual de muchos presidentes de Estados Unidos, desde J. F. Kennedy, pasando por los escarceos amorosos de presidentes como Franklin Delano Roosevelt no parecen empañar su labor política. Las mentiras de un presidente como Robert Nixon o el escándalo del presidente Clinton, que además mintió a la opinión pública, son únicamente la punta del iceberg de un mundo político alejado de Dios, en el que los modelos morales están derrumbados.

En Europa la situación no es muy diferente, desde los escándalos sexuales del antiguo primer ministro Silvio Berlusconi, pasando por las infidelidades del presidente francés François Hollande, sin dejar de lado los escándalos financieros en la banca, la empresa o el mundo de la política, no hay referentes morales que permanezcan en pie.

Uno de los grandes peligros del éxito es sin duda el narcisismo y la vanagloria. Los seres humanos somos muy tendentes a olvidar nuestro origen y limitaciones y escuchar los halagos de las personas que nos rodean. A medida que los halagos van haciendo mella en nuestra mente, nos cuesta mucho más escuchar la voz de Dios.

La primera reacción de muchos líderes cristianos es lo que hemos denominado «efecto Saúl».

El efecto Saúl

El primer rey de Israel y la paranoia Macbeth

La mayor parte de los pastores exitosos que caen de su posición de liderazgo lo suelen hacer por causas sexuales o económicas. Incluso podemos decir que, en muchos casos, esos pecados son el efecto y no la causa de su caída. Lo que suele sucederles es lo que llamo el «efecto Saúl».

¿Qué es el «efecto Saúl»?

Durante años he observado cómo muchos pastores tienen miedo a perder su puesto en el organigrama de su iglesia. En cuanto descubren que dentro de su congregación hay un pequeño David, hacen todo lo posible para desmotivarlo. Si no consiguen su propósito, lo arrinconan o expulsan de su iglesia con la menor excusa.

Hijos de pastores: ¿herederos del ministerio?

La etapa final del profeta Samuel, el último juez de Israel, no fue muy brillante. Sus hijos no eran un buen ejemplo, lo que muestra que en contadas ocasiones los hijos pueden suceder en el ministerio a sus padres y no ocasionar problemas. El famoso nepotismo, por el cual algunos líderes ponen en cargos importantes siempre a miembros de su propia familia, no es nada nuevo. En la actualidad esto sucede en numerosos ministerios y pastorados, con el peligro de convertir las iglesias y ministerios en feudos familiares o negocios que se pueden heredar. Esto no quiere decir que muchos hijos de líderes no tengan los dones y capacidades para llevar a cabo un ministerio pastoral o evangelístico, pero es mejor tanto para el padre como para el hijo que, después de una etapa de tutela y supervisión, el hijo del pastor o evangelista comience una obra nueva.

La Iglesia Católica impuso el celibato en el siglo XII en el Concilio de Letrán, entre otras cosas, para impedir que los hijos de los obispos se convirtieran en herederos del ministerio y patrimonio de sus padres, lo que los convertía en un señor feudal más.

La monarquía, en cierto modo, terminó siendo también hereditaria, lo que causaría un grave problema a la larga. En el caso del primer rey de Israel fue Dios mismo quien escogió al candidato. Pero el mismo Saúl pensó en su hijo Jonatán como heredero a su trono.

Los hijos de David también le disputaron el trono, aunque eso lo veremos un poco más adelante.

Saúl el rey narcisista

En el libro *Cómo sobreponerse al lado oscuro del liderazgo*, se menciona al rey Saúl como el ejemplo de un líder que se dejó llevar por ese «lado oscuro del liderazgo». En el libro se define a Saúl como un paranoico, cosa que fue sin duda, sobre todo después de la advertencia que le hizo Samuel de que su reinado sería corto. Aunque, tal y como trató a David, hasta que la envidia comenzó a corroerle no parecía tan paranoico como narcisista.

El narcisismo, figura tomada de la literatura clásica griega, define personalidades enamoradas de sí mismas. Los narcisistas suelen sobreestimar sus habilidades y tienen una necesidad excesiva de admiración y afirmación. El pecado de Saúl estuvo relacionado con esta visión demasiado positiva de sí mismo. La condena de Samuel a Saúl tuvo que ver con este exceso de confianza en sí mismo y desobediencia ante Dios. La persecución sistemática a David, del que tenía celos, surgió de la comparación del pueblo con el famoso canto de «Saúl hirió a sus miles, pero David a sus diez miles».[2] Los celos de Saúl terminaron por provocarle una paranoia, una desconfianza excesiva de aquellos que le rodeaban, incluido su hijo Jonatán, pero nacida de esa visión narcisista del liderazgo.

Saúl fue elegido por Dios y ungido por el profeta Samuel para ejercer como rey de Israel. El reto era muy difícil. Por un lado, desde la muerte de Josué, las doce tribus no habían tenido un liderazgo nacional. Los jueces habían ayudado al pueblo en los momentos difíciles, pero sin conseguir unificarlos a todos duraderamente. Algunos habían unido a la nación entera, pero su poder sobre las tribus estaba limitado. Saúl tenía una tarea ardua y difícil.

En primer lugar, el joven tenía unas características que parecían convertirle en el candidato idóneo.

La primera cualidad era que pertenecía a la tribu de Benjamín. Esta tribu estaba situada en el corazón mismo de Israel y cerca de la que en el futuro sería la capital del reino, Jerusalén. Además, esta tribu, al ser de las más pequeñas, no parecía una amenaza para el resto de tribus.

En segundo lugar, Cis, el padre de Saúl, era un buen guerrero, un líder militar que se había preocupado de formar a sus hijos para la guerra, que era una de las tareas más importantes de los reyes en aquella época.

La tercera cosa que convertía a Saúl en un buen candidato era su actitud obediente y de respeto por su padre. Además era buen trabajador y cuidaba el ganado.

La cuarta cosa que le hacía sobresalir del resto era su físico, su estatura y belleza.

Por último, Saúl era un joven cercano a Dios. En 1 Samuel 10 se nos narra el encuentro de Saúl con los profetas. Después de ser ungido por Samuel, este le manda al encuentro de un grupo de profetas con los que recibirá el «Espíritu de Dios».[3]

Muchos han criticado a Saúl como un mal rey, aunque sin duda fue el candidato de Dios y reunía todas las características necesarias para reinar. ¿Qué sucedió para que terminara de una manera tan trágica? ¿Por qué Dios le quitó de su puesto?

Saúl cumplió las expectativas de Dios y el pueblo durante la primera etapa de su reinado.

En primer lugar unió al pueblo bajo un único mando, lo que le ayudó a tener las primeras victorias militares en mucho tiempo. Israel no había terminado de conquistar la tierra prometida, pero Saúl logró incorporar varios territorios importantes y someter en parte a los filisteos. Saúl venció en un corto espacio de tiempo a los moabitas, amonitas, edomitas y los reyes de Amalec, Soba y de los filisteos.

Saúl no sería rechazado por su capacidad para liderar, tampoco por no haber satisfecho las expectativas de Israel. Sus pecados fueron la soberbia y el narcisismo.

Saúl creyó que las victorias que había obtenido se debían a su astucia y capacidad, no al poder de Dios. Por eso, en contra de las indicaciones de Samuel, se precipitó al comenzar los sacrificios y no esperar la llegada del profeta (1 S 13.8).

El éxito suele producir en nosotros un sentimiento de invulnerabilidad y nos crea la falsa sensación de que cualquier cosa que emprendamos, aunque no lo hagamos como «Dios manda», terminará por tener éxito.

Saúl define su acto de desobediencia como un esfuerzo por Dios.[4] Pero la acusación de Samuel es que no se puede actuar a favor de Dios desobedeciendo sus mandamientos.[5] No podemos servir a Dios con la mentira, el robo, el engaño y la astucia humana.

La derrota de Saúl no fue inmediata. Ganó aquella batalla, pero Dios ya le había desechado a él y a su hijo.

El corazón de Saúl ya no tuvo descanso. Dice la Biblia que un espíritu le atormentaba, se encontraba en estado melancólico y con fuerte estrés. Una cosa pasaba por su mente constantemente: ¿quién iba a usurpar su trono?

Saúl, como Macbeth en la famosa obra de William Shakespeare, vería en cualquier persona que destacase a su alrededor un peligro. Esto causaría un efecto en el reino: la mediocridad.

Los líderes narcisistas terminan por rodearse de personas mediocres, para que no destaquen y pongan de manifiesto sus deficiencias.

La mediocridad es una de las enfermedades espirituales más persistentes en las iglesias de líderes narcisistas. Al desconfiar de todos, al estar ensimismados con ellos mismos y sus logros, no se preocupan por la continuidad de su iglesia o ministerio. En cierto sentido creen que la iglesia es una extensión de ellos mismos. Se ven como imprescindibles, no encuentran el relevo generacional y, en la mayoría de los casos, terminan por destruir su congregación o son expulsados de esta.

Dios había elegido al sustituto de Saúl, el rey David, pero este también sufriría las consecuencias del éxito. Curiosamente, Dios introduce a David, después de ser ungido en la corte del rey. Sabía que el rey podía enseñarle muchas cosas y era un modelo válido para David, como guerrero, organizador y líder.

El sustituto de Saúl, David, al que la mayoría de los cristianos y los judíos le tiene especial admiración, también cometió un error grave debido a su ministerio y reinado de éxito. El «efecto David» sería el despotismo. El creer que como ungido de Dios podía hacer lo que se le antojara.

El efecto David

El despotismo del rey y la contaminación del reino

La soledad del liderazgo, sobre todo si viene acompañada por el éxito, puede conllevar el narcisismo de Saúl, pero también la actitud de despotismo que David fue tomando ante su posición de líder indiscutible de Israel.

El despotismo es una forma de autoridad absoluta, no limitada por ningún control constitucional. También puede definirse como el abuso de poder o fuerza en el trato con las demás personas. ¿Cómo podemos decir que el rey David fue un líder despótico? ¿Acaso no fue un hombre conforme al corazón de Dios?[6]

El complejo de inferioridad

En muchas ocasiones nuestros complejos terminan por salir a la luz, sobre todo si tenemos responsabilidades de liderazgo. Muchos de los líderes que han terminado muriendo de éxito sufrían complejos de inferioridad o de superioridad.

Los complejos, tanto de inferioridad como de superioridad, tienen un punto en común: la necesidad de conseguir logros y el reconocimiento de la gente que te rodea. Ese anhelo por los logros no es malo en sí, pero el problema es cuando se convierte en pura ambición.

Dos de los casos más paradigmáticos de estos complejos dentro del liderazgo cristiano actual fueron las sonadas caídas de los evangelistas Jim Bakker y Jimmy Swaggart.

Jim Bakker provenía de una familia humilde de Michigan que vivía en una modesta vivienda en la ciudad de Muskegon. El joven Jim estudió en el instituto bíblico de la Universidad de North Central en Mineápolis, Minnesota, donde no llegó a graduarse. Jim comenzó a trabajar para el ministerio de Pat Robertson en 1966. El joven predicador ayudó a la difusión del canal de televisión y apoyó el famoso programa del Club 700. Tras sus éxitos, los Bakker crearon su propia cadena de televisión y una especie de parque temático cristiano en Charlotte, Carolina del Sur.

En la década de los ochenta, varios escándalos financieros y un escándalo sexual desbarataron el ministerio y los medios de comunicación de la familia Bakker. ¿Qué había sucedido?

Jim Bakker era una persona frustrada que pensaba que el dinero y el éxito podrían ocultar esa parte de su vida. Cuando estos llegaron, ya no pudo controlarse y cayó muy bajo. Su complejo de inferioridad lo había destruido. Podemos morir de éxito como líderes si no ponemos lo primero en primer lugar, si no tenemos claro quiénes somos realmente y que Dios no nos ama por nuestros logros, nos ama tal y como somos.

Jimmy Swaggart, el otro teleevangelista caído en desgracia, tenía una personalidad parecida a la de Jim Bakker, aunque había desarrollado un complejo de superioridad y no de inferioridad.

Jimmy nació en una familia cristiana de Luisiana, en un pequeño pueblo llamado Ferridar. Sus primeros años de matrimonio fueron muy duros. Los Swaggart apenas tenían para comer. Jimmy se convirtió en un predicador itinerante y se transformó en un popular predicador en su estado. Comenzó en la televisión con un pequeño programa en Baton Rouge, Louisiana. Sus dotes como cantante y predicador le hicieron rápidamente muy conocido. En los años 80, Jimmy ya era un famoso evangelista, pero en 1988 fue acusado de un escándalo sexual, trece años después volvió a ser acusado de contratar los servicios de una prostituta. A diferencia de Bakker, Swaggart se mostraba como un hombre invulnerable. Su complejo de superioridad le dio una falsa sensación de seguridad en sí mismo que terminó con su caída.

El rey David vence a Goliat y es derrotado por una visión

Algunos se preguntarán al leer las páginas anteriores qué tiene esto que ver con el rey David. El pequeño pastor fue considerado por Dios como un hombre conforme a su corazón.

El reinado de David estaría repleto de dificultades. Todo lo contrario que el de su antecesor Saúl.

En primer lugar, David pertenecía a la tribu de Judá, una de las más poderosas del sur de Israel, lo que en el futuro dificultaría su acceso al trono. De hecho, la raíz de la división de Israel entre el Reino del Norte y Judá nacería en ese momento.

En segundo lugar, David era hijo de Isaí, un ganadero de la ciudad de Belén, que descendía de la famosa Rut y su esposo Booz. La familia de Isaí era muy importante en la región, hasta el punto de poder destinar a tres de sus hijos a la guerra, con el coste personal que eso suponía, pero menospreciaba a su hijo más pequeño.

Isaí, como buen judío, pensaba que sus hijos mayores y herederos eran los más dignos de ser elegidos para la unción, por eso, cuando Samuel le visitó le ofreció a sus primeros siete hijos sin pensar en el menor de ellos, que se dedicaba a cuidar de las ovejas como pastor.

En tercer lugar, David había manifestado su fidelidad en lo poco, una de las características del tipo de líder que Dios busca. Como pastor había demostrado su valentía y dotes de liderazgo al proteger al rebaño.

Por último, su celo por Dios le llevaría a enfrentarse con Goliat.

Dios dispuso que David entrara en la corte y que su mentor fuera el mismo rey al que iba a sustituir. La depresión de Saúl al ver su reino perdido le hizo buscar consuelo en el arpa. David, entre sus muchas cualidades, tenía la de la música. Los criados de Saúl le comentaron esto a su señor y David entró en la corte.

Durante la estancia de David en la corte iba a conseguir tres cosas.

La primera era ver cómo se comportaba y vivía un rey. El modelo, aunque con sus defectos, era lo más cercano a lo que él sería un día. Nuestros modelos no tienen que ser perfectos. Debemos aprender tanto lo bueno como lo malo de los líderes que nos pastorearon. El apóstol Pablo lo decía claramente al comentar a los corintios que le imitaran, como él imitaba a Cristo (1 Co 11.1).

La segunda fue **la amistad con Jonatán**. El príncipe le adiestraría en algunas **artes militares**, ya que era uno de los hombres más valientes y capaces de Israel, pero sobre todo salvaría su vida en varias ocasiones.

La tercera fue la **boda real con la hija de Saúl,** lo que a los ojos de Israel y los reyes del entorno le legitimaba como rey de Israel.

El corazón de David era valiente, pero sobre todo confiaba en Jehová de los Ejércitos.

Cuando David llegó al campamento de Israel y conoció la afrenta de Goliat se indignó. Por eso desafió a sus compatriotas a que se enfrentaran al incircunciso. Ante sus palabras, David fue reprendido por uno de sus hermanos mayores, Eliab. El hermano de David le tenía por un fanfarrón, aunque seguramente sentía envidia de no haber sido elegido como el ungido de Dios. Pero las palabras valientes de David se extendieron hasta llegar a los oídos del rey.

David, cuyo corazón de líder rebosaba de valor, terminó por brillar. Su determinación, valor y visión le llevarían a convertirse en un gran líder, pero ya lo era antes, en cierto sentido, a pesar de ser un adolescente.

Saúl le prestó sus armas, pero la pesada armadura de un rey no podía solucionar el problema de Goliat. Como buen líder, David sabía que no podía vestir el traje de otro. De este tema hablaremos en «Morir de fracaso», donde veremos que las comparaciones e imitaciones de ministerios exitosos están minando, más que animando, muchos ministerios.

La victoria de David frente a Goliat le abrió aún más las puertas del palacio al convertirse con el tiempo en yerno del rey y cuñado de Jonatán. Desde entonces, David participará en las contiendas y en poco tiempo llegará a superar en su destreza a Saúl, lo que provocará los celos de este y convertirá a David en un proscrito.

La amistad de David con Jonatán le protegió en numerosas ocasiones. Nos dice la Biblia que eran más que hermanos. Esta estrecha relación de compañerismo, como veremos más adelante, es muy importante para el desarrollo del liderazgo.

La boda de David con Mical, la hija de Saúl, no será fácil, pero el joven logró pagar la extraña dote por la hija del rey.[7] Mical le protegió también de su padre, aunque en otro periodo de su vida fue una piedra de tropiezo para él.

Tras la muerte de Saúl y Jonatán, David logró reinar en Judá. Como dijimos al principio, David era de Judá y sus paisanos fueron los primeros en reconocerle, pero en el norte el hijo de Saúl, Is-boset, fue ungido como rey de Israel. El reino fue dividido en dos y la frustración de David tuvo que continuar durante varios años.

Mientras tanto, David conquistó Jerusalén, que se constituiría a partir de ese momento en capital de su reino y residencia de Dios y su templo.

Dios hizo un pacto perpetuo con David y le prometió que de su descendencia saldría el Mesías que salvaría al mundo.

El profeta Natán anunció también que un descendiente de David construiría el templo, pero un hecho iba a enturbiar para siempre el liderazgo de David.

El despotismo del rey frustrado fue convirtiéndose en el mayor lastre de su reinado. Cuestionado por su esposa y por la dinastía de Saúl, David fue convirtiéndose en un rey déspota. Dejó de luchar en las batallas y se dedicó a la vida palaciega. Este cambio de comportamiento y su mala relación familiar le llevaron a encapricharse con la mujer de uno de sus oficiales, Betsabé. David tuvo una relación sexual con Betsabé y después la convirtió en su amante. El problema surgió cuando esta quedó embarazada, estando su marido en el frente. Primero intentó David que

el marido se acostara con su esposa, pero este, que era un hombre ínte-
gro, decidió quedarse acuartelado con sus hombres. Al final, David decidió que le mataran en el frente y mandó instrucciones a Joab, su general.

David había actuado como un déspota. Para proteger su reputación
había matado a un hombre y corrompido a uno de sus colaboradores,
Joab. Ambas cosas le pasarían factura más adelante.

Esta actitud de David se puede observar en muchos líderes de éxito.
Hombres que tras pecar, siguen pecando para no tener que confesar y
perder su puesto de privilegio.

Conozco algunos casos en este sentido: pastores que han querido
ocultar una hija embarazada muy joven, sus propios pecados sexuales o
financieros, utilizando colaboradores cercanos a los que acusar o pidién-
doles a estos que los encubrieran, de modo que amplifican mucho más
el daño y efecto de su propio pecado.

El profeta Natán fue el único que confrontó a David con su pecado,
aunque este era un secreto a voces en la corte. La actitud de algunos
líderes ante sus faltas y pecados, pensando que están por encima de las
leyes y que su pecado no será descubierto, encuentran siempre un profeta de Dios que termina por destruir su despotismo.

Tras la confrontación a la que Natán sometió a David, este se arre-
pintió.[8] Ese fue el gran secreto de David. Sus complejos de menor de los
hijos de su padre, de plebeyo, de proscrito y de rey a medias reconocido
le convirtieron en un déspota, pero su arrepentimiento hizo de él un
hombre conforme al corazón de Dios.

Podemos morir de éxito, pero sobre todo morimos cuando perdemos esa capacidad de reconocer a Dios por encima nuestro y de arrepentirnos cada vez que fallemos. No importa lo que hayamos hecho a
favor de Dios o los hombres, como en el Sermón del Monte, Jesús nos
pide que llevemos buen fruto, el fruto del arrepentimiento y no el de
obras humanas.[9]

El orgullo terminó con el liderazgo de Saúl; el arrepentimiento
mantuvo a David en el trono, aunque su desobediencia tuvo consecuencias graves para sus descendientes.

David perdió al hijo de Betsabé, causó un mal ejemplo en su propia familia, que imitó muchos de sus malos comportamientos. Su general Joab mató a su hijo Absalón, que se había rebelado contra él. Su hijo Salomón fue el único en reinar sobre todo Israel; bajo su nieto Roboam se dividió el reino.

El «efecto David» puede terminar con un ministerio próspero, cuando nuestros complejos nos dan alcance y nos olvidamos de que quien nos puso en ese lugar fue Dios. Entonces comenzamos a cometer errores, somos unos pequeños dictadores que no queremos que nadie nos lleve la contraria. Al final, ocultamos nuestros errores y pecados, haciendo cómplices a otros, y perdemos lo que más queremos: la aprobación del Dios al que decimos servir.

David logró superar sus complejos y pecados gracias al fruto de arrepentimiento. No dejemos nunca de acercarnos al altar de Dios con nuestros pecados, confesándole lo que somos y que no merecemos servirle. Él ve nuestro corazón.

CONCLUSIONES DEL CAPÍTULO

1. El «efecto Saúl» es una de las reacciones de muchos líderes cristianos ante el éxito ministerial. Fue un hombre bien preparado y capaz, pero su narcisismo le llevó a desobedecer a Dios. Tenemos siempre el peligro de creer que lo que tenemos o somos lo hemos conseguido gracias a nuestro esfuerzo humano.

2. El desobedecer a Dios siempre nos lleva a perder su unción, otro será ungido en nuestro lugar. En el caso de que no haya arrepentimiento, como en el caso de Saúl, eso únicamente es cuestión de tiempo.

3. Los complejos pueden arruinar nuestra vida y ministerio. Lo hemos visto en la piel de otros predicadores y ministros, pero a veces creemos que eso no puede pasarnos a nosotros. Los complejos de inferioridad o superioridad nos conducirán al despotismo o al narcisismo. No

debemos creernos por encima de las leyes puestas por Dios e intentar ocultar nuestros pecados.

4. El pecado siempre tiene sus consecuencias. No podemos comprarnos el favor de Dios, no importa las cosas que hayamos hecho por él. Dios quiere frutos de arrepentimiento. Él debe seguir siendo lo más importante en nuestra vida.

5. El arrepentimiento nos restaura delante de Dios, aunque las consecuencias de nuestro pecado puedan perdurar. Puede que la gente u otros líderes no quieran nuestra restauración, pero al igual que Dios restauró a David, nosotros podemos ser restaurados y utilizados por Dios en su obra. El ministerio y la obra de Dios no terminan con nuestro pecado, Dios quiere recuperar a miles de ministros que el hombre ha desechado para que le sigan sirviendo. De él son el llamamiento y el ministerio. Morir de éxito es una realidad amenazante, pero, como veremos en el próximo capítulo, a veces las expectativas de nuestro ministerio pueden hacernos morir de fracaso.

Capítulo 4

MORIR DE FRACASO

El éxito es aprender a ir de fracaso en fracaso sin desesperarse.

—Winston Churchill[1]

La iglesia de Dios en la sociedad del éxito

Vivimos en la era de las franquicias, las empresas piramidales y los milagros económicos. Pareciera que el esfuerzo, la tenacidad y las cosas bien hechas ya no tuvieran importancia. Lo único que importa es el éxito, aquí y ahora. Nunca, en toda la historia de la humanidad y aún menos, en la historia de la iglesia, se ha presionado tanto a los líderes para que tuvieran éxito.

Me acuerdo de una agradable charla con el presidente de la denominación a la que pertenezco sobre las personalidades que año tras año la Junta Ejecutiva invitaba al congreso anual. El presidente creía, y por eso actuaba de aquella manera, que era mejor traer modelos exitosos, para que los pastores, copastores, diáconos y líderes en general salieran estimulados. Su razonamiento parece haber sido el de muchos en los últimos años.

Los cristianos nos hemos convertido en seguidores del éxito. Cuando escuchábamos que en una zona del mundo había un movimiento exitoso, allí acudíamos por un poco de unción, una visión o simplemente por ideas.

Recuerdo que mientras charlábamos el presidente y yo en su despacho no pude evitar decirle: «¿No crees que lo que produce esa gente exitosa es frustración? Imagina esos cientos de pastores que pasan todo el año haciendo un duro trabajo, intentando compaginar en muchos casos un trabajo secular y la iglesia, cuando llegan aquí y ven a una mujer o un hombre exitoso, que les dice a la cara que lo están haciendo mal. Que si las cosas no cambian es por culpa suya, que son un fracaso».

Naturalmente no logré convencer al presidente de mi denominación, él también era un hombre exitoso y pensaba que todos debíamos llegar a serlo en alguna medida.

Conforme la idea de la franquicia cristiana se extiende y el valor del ministerio es como una especie de carrera hacia el éxito, perdemos la verdadera perspectiva del servicio.

Cada semana salen nuevos libros sobre un liderazgo de éxito. No seré yo el que critique este tipo de libros de motivación. Sin duda, muchos de ellos comparten buenas ideas y estrategias para mejorar la forma de liderar y algunos libros entran en el fondo del líder. El verdadero problema es cuando comparamos. Decimos: «Esta iglesia de cinco mil miembros o veinte mil asistentes en Bogotá, es mucho mejor que la pequeña congregación en Oslo». ¿Cómo somos capaces de medir el liderazgo de uno y otro lado? ¿El número es suficiente para dar como aprobado un liderazgo de éxito?

Un poco de historia

La presión por el éxito ministerial comenzó en el siglo XIX. Los movimientos de santidad, muchos de ellos milenaristas, comenzaron a crecer con rapidez. En esta época surgieron algunos ministerios personalistas que terminarían, en la mayoría de los casos, de manera traumática.

Los movimientos de santidad del siglo XIX provenían especialmente del metodismo, que durante el siglo XVIII había conseguido grandes logros al avivar Inglaterra, Gales y Estados Unidos, pero que se basaban en una predicación extensiva del evangelio.

De estos grupos surgieron algunas sectas modernas, como los Adventistas del Séptimo Día, con su líder carismática Ellen G. White, que, junto a una vocación milenarista, mezclaron algunas doctrinas judías. Dentro de estos movimientos nacieron otros más alejados de las enseñanzas bíblicas, como los Testigos de Jehová, fundados por Charles Taze Rusell o el mormonismo con el profeta Joseph Smith. ¿Qué tenían en común estos grupos? Todos ellos practicaban la evangelización extensiva y la superficialidad doctrinal, lo que hizo que no tardaran mucho en desviarse de la verdad de las Sagradas Escrituras para seguir alimentando el crecimiento de sus grupos.

A pesar del éxito numérico de estas organizaciones, no podemos decir que sean producto de un éxito ministerial. La mayoría de ellas cumplen un complejo sistema piramidal parecido al de empresas como Tupperware o Avon.

En la actualidad, otros grupos, como el G12 en Colombia o los grandes ministerios personalistas en Estados Unidos y América Latina, continúan practicando esta forma de tratar el Reino de Dios.

Las denominaciones, superadas por la era posdenominacional, también comenzaron hace tiempo esta carrera por la evangelización extensiva. La plantación de iglesias y los sistemas masivos de evangelización persiguen este fin, pero a menudo se quedan en el camino muchos pastores y ministerios que no entran en esta forma de trabajar extensiva.

Sin duda, los planes de plantación de iglesias son muy positivos y se necesitan sistemas eficaces para consolidar el crecimiento y apoyar la expansión de las iglesias, pero sin olvidar nunca a los individuos y los líderes locales.

Recuerdo cómo un miembro de la iglesia en la que ayudaba a pastorear me comentó que parte de su familia había caído en una organización «seudocristiana» que enseñaba muchas doctrinas antibíblicas y que él no era capaz de convencerlos para que la dejaran. Me pasé tres días orando e investigando aquella organización, sus métodos y formas, en muchos casos ilícitos, y después fui a hablar con ellos.

Lo primero que hice fue ponerles un video en el que se hablaba de la organización, después les comenté las doctrinas no bíblicas que predicaban. La familia estaba bajo una gran presión. Aquella organización les había forzado hasta el punto de sentirse obligados a introducir a otros, para después mejorar su estatus en la organización y, llegados a un punto, poder quedarse parte de las ofrendas de esos grupos que formaran. El rodillo que les habían pasado por encima los estaba machacando. No había amor, apoyo mutuo o simplemente la predicación de la Palabra de Dios. Lo único que interesaba eran los números y la cuenta corriente de los líderes.

Unas semanas más tarde traté a un joven de esa misma organización. Estaba marcado por los comentarios de sus líderes directos que le habían dicho que como no traía mucha gente a la iglesia era mala tierra y por eso no daba el fruto abundante.

Algunos pastores, movidos por el deseo de que sus congregaciones crecieran, comenzaron a aplicar métodos no muy ortodoxos y, en algunos casos, antibíblicos. Recuerdo el caso de un pastor en una iglesia de las Islas Canarias que, siguiendo la última moda «evangelística», visitó un país de América Latina. La organización de ese grupo se encargaba de todo, captaba a los pastores interesados, corría con sus gastos de viaje y estancia, los cursos y más tarde la implantación del «método mágico» en su iglesia. El pastor solía caer en sus redes asombrado por los números, las buenas palabras y el testimonio de otros que ya lo habían hecho. ¿Quién podía desconfiar de algo así? Pastores que ellos conocían eran los que recomendaban ese método, gente de probado ejemplo en el ministerio.

Aquel movimiento dividió la iglesia, creó un daño duradero en algunos de los miembros. Al final, aquel pastor derrotado por su ambición y autoengaño vio cómo su matrimonio fracasaba y perdía la congregación.

En varias ocasiones comenté estos casos a organizaciones y denominaciones que estaban permitiendo este tipo de prácticas. Las respuestas fueron ambiguas y evasivas. Las iglesias que practicaban este tipo de abuso eran demasiado poderosas en las denominaciones para ponerlas en disciplina o expulsarlas.

Otro factor que se producía era que algunas de estas iglesias piramidales terminaban captando a más cristianos de otras iglesias que a personas no creyentes.

Este tipo de prácticas llevó a muchos miembros y líderes a entrar en una especie de crítica mordaz contra el cristianismo evangélico que consentía este tipo de conductas.

Los cínicos también van al cielo

Recuerdo una interesante pero triste conversación con un buen amigo que llevaba desde adolescente en la iglesia. Era un hombre que había apoyado diferentes ministerios, de gran inteligencia y capacidad, pero que se sentía cada vez más escandalizado por la generalización de este tipo de prácticas. Mientras las personas que no lo eran comenzaban a ponerse el nombre de cristianos o evangélicos, muchos líderes y miembros desertaban de las iglesias al no sentirse identificados con estos ministerios «populistas».

Muchos de estos líderes se convertían en cínicos o escépticos, metiendo todos en el mismo saco. En mí país, algunos de los evangélicos que habían conseguido cargos prominentes en el mundo secular se apartaban de su iglesia al ver este tipo de comportamientos.

A veces se hace muy difícil la comunicación entre los líderes exitosos y aquellos que parecen haber fracasado. Unos y otros se juzgan. Para los «fracasados», los exitosos son vendedores de aire, con un evangelio *light*, que lleva a sus feligreses a vidas cristianas superficiales. Para los «exitosos», los «fracasados» son unos resentidos que lo que tienen es envidia.

Lo más triste de esto es que muchas pequeñas iglesias se van cerrando o no tienen pastor. Los pastores con cierto nivel únicamente aspiran a congregaciones ricas o grandes que puedan sostener su ministerio exitoso.

Un pastor de una iglesia mediana de mi país me sorprendió por su ejemplo de humildad. Este hombre logró convencer a su iglesia para que editara un periódico gratuito que tiene como fin evangelizar su ciudad. Cada dos meses hacen una gran tirada de este periódico y el pastor, un hombre de cierta edad, toma su carrito de la compra cada día con unos pocos cientos de periódicos y se va a la puerta del metro a repartirlos. Cualquiera que le viera con el carrito podía pensar que otro podía hacer ese trabajo por él, ya que estamos convirtiendo a los pastores en ejecutivos y no en siervos. Para mí es un verdadero modelo de triunfador.

Hombres rotos

La presión dentro de las denominaciones, en el propio movimiento de las iglesias para tener ministerios exitosos crea mucha frustración a gran número de líderes. Las reacciones son diversas, pero podríamos dividirlas en tres:

1. Orgullo del fracaso

La actitud de algunos líderes cristianos ante la presión es el orgullo. En cierto sentido se sienten cuestionados y menospreciados al no estar consiguiendo un número aceptable de asistentes o miembros. La mayoría de la gente siempre identifica una iglesia pequeña con una iglesia fracasada, además suele razonarse que la culpa es siempre del pastor. Falta una didáctica de la iglesia, el crecimiento y la multiplicación. En definitiva, falta el detalle. Los pastores que actúan de forma orgullosa suelen convertirse progresivamente en pequeños dictadores. Abominan los métodos de crecimiento, sin pensar que algunos sí pueden ser buenos o efectivos. Les cuesta delegar, pasar el testigo o simplemente ver en qué áreas sí puede mejorar su congregación. Si les comentas que los cultos son fatigosos, largos y poco ungidos, ellos siempre te contestan que la gente no se queja igual de otros eventos deportivos o artísticos más largos. Este tipo de líderes termina por quemarse y hace que sus congregaciones se marchiten hasta su desintegración.

Los colaboradores de este tipo de liderazgo de orgullo únicamente tienen dos opciones: obedecen y asumen el modelo de la iglesia sin poder aportar nada ni cambiar nada, o tienen que marcharse. Para argumentar la parálisis de la iglesia suelen decir que lo importante no son los números, son las personas, pero como no dejan que la gente les ayude en temas pastorales, muchas personas están desatendidas.

Morir de fracaso en estos casos es simplemente cuestión de tiempo.

Los pastores orgullosos, heridos por la presión de un mundo en el que el éxito es siempre numérico, se sienten profundamente solos. Se aíslan de todos aquellos que los cuestionan o no les siguen la corriente, al final también se hacen sordos a la propia voz de Dios, ya que él no puede operar donde hay orgullo.

2. Luchadores de la verdad

Algunos pastores desengañados del clima espiritual del cristianismo actual tienden a aislarse, pero de otra manera. Su estilo no es dictatorial, no tienen un carácter fuerte ni tampoco piensan que el control absoluto resuelva su frustración, por lo que se centran en ser «luchadores de la verdad». Esa es sin duda una noble tarea, pero lo que falla en muchas ocasiones sea la motivación. Algunas de las personas que utilizan esta forma de escapismo son extremadamente inteligentes y preparadas. Verdaderos doctores en teología, de una inteligencia superior, pero que no encuentran su lugar en una iglesia que a lo único que aspira es a ver mejores números.

El estudio y el debate comienzan a hacer mella en la mente y el corazón de estas personas sinceras, lo que poco a poco les lleva a dos puntos alejados del evangelio.

El primero es el cuestionamiento de todo. En algunos casos estas personas han salido de organizaciones o denominaciones por ser excesivamente críticos. Les han dicho que su forma de actuar no es correcta. El daño sufrido, unido al resentimiento y el deseo de buscar la verdad hacen que estas personas rompan cierto tabúes y traspasen ciertos límites. En algunos casos lo hacen para escandalizar, en otros simplemente es la consecuencia lógica del proceso de cuestionamiento de todo.

Estas personas únicamente encuentran consuelo en los libros, lo que las lleva a profundizar en asuntos doctrinales, esto a su vez las hace cuestionar esas mismas afirmaciones doctrinales y al final dudan completamente de ellas. Al final transportan su visión a sus iglesias.

El segundo es que crean un espíritu crítico en los miembros, cosa que en un principio es positiva, pero, al no poner al mismo tiempo fundamentos sólidos, terminan convirtiendo sus iglesias en un foro de debate que enriquece en parte la mente, pero en cierto sentido mata el espíritu.

Muchos casos son sangrantes, ya que estamos perdiendo a algunos de los mejores maestros por no saber cómo integrarlos en las iglesias y aprovechar su potencial. Además, muchos miembros de sus iglesias entran en un proceso de escepticismo, que, al no estar preparados para soportarlo, les lleva a la separación del evangelio.

Conozco el caso de un gran maestro que hace algunos años, durante una etapa de su vida, después de un triste episodio, terminó adoptando muchas tendencias judaizantes. Algunos creyentes y pastores siguieron las ideas de este gran maestro. Pasados los años, el maestro, con su gran capacidad, regresó dentro de los parámetros ortodoxos del cristianismo, pero muchos de sus discípulos se quedaron por el camino. Este líder, sin darse cuenta, había arrastrado a un grupo de creyentes y líderes dentro de su propia necesidad de replantearse todo para volver a apasionarse por la fe, pero algunos no pudieron regresar con él. En la actualidad cada una de esas personas son para él pequeñas heridas en su corazón.

3. Hombres grises

No hay nada más triste que considerarse gris, pequeño e insignificante. Muchos líderes opacados por la obra y, en ocasiones, el exhibicionismo de algunos líderes exitosos, terminan viéndose como insignificantes. En cierto sentido tienen la misma actitud que los espías enviados por Israel para inspeccionar la tierra prometida. Al llegar a aquella tierra maravillosa y, a pesar que reconocieron que era tal y como Dios les había dicho, no se sintieron capaces de entrar en ella.

Los pastores acomplejados por su idea de pequeñez no reaccionan ante el éxito, simplemente se dejan aplastar por él. Se ven incapaces de dar un respiro de aire fresco a su ministerio y su iglesia. Están resignados. En muchos casos han empleado varios métodos sin éxito y piensan que es mejor tirar la toalla, pero, al tener una verdadera vocación ministerial, no pueden hacerlo. Estos líderes no han llegado al escepticismo o el cinismo, su mente se mantiene en parte sana, pero se ven incapaces.

Lo más triste de esta reacción ante la sociedad del éxito es que la mayoría de estos hombres están haciendo una extraordinaria labor. Es de ellos de quienes el príncipe de los pastores dirá cuando regrese: «Y cuando aparezca el Príncipe de los pastores, vosotros recibiréis la corona incorruptible de gloria» (1 P 5.4). Pero ellos se ven como verdaderos inútiles.

Otros en cambio llegarán ante Dios con un extenso currículo de méritos y Jesús les dirá: «No todo el que me dice: Señor, Señor, entrará en el reino de los cielos, sino el que hace la voluntad de mi Padre que está en los cielos. Muchos me dirán en aquel día: Señor, Señor, ¿no profetizamos en tu nombre, y en tu nombre echamos fuera demonios, y en tu nombre hicimos muchos milagros. Y entonces les declararé: Nunca os conocí; apartaos de mí, hacedores de maldad» (Mt 7.21–23).

Estos «hombres grises» son los que se levantan en plena noche para buscar a una oveja perdida. Ese tipo de pastores que nunca desisten, que ayudan a aquellos que ya les han traicionado, pero que no pueden dejar de servir a su Señor.

Lo más triste es que ellos se sienten fracasados. Trasmiten a su congregación esa sensación de perdedores, de incapaces e inútiles. Muchas veces, la frustración les causa problemas matrimoniales. Muchos cónyuges no entienden por qué se empeñan en perder su tiempo en una obra tan pequeña.

En mi vida ministerial he tenido que hablar ante multitudes y también ante una sola persona. No voy a decir que prefiero salas vacías a grandes locales repletos de gente, pero a pesar de ser un siervo inútil, siempre he considerado que el valor de una única persona es tan grande que Jesús hubiera pagado por ella el mismo precio que pagó por todo el mundo.

Martin Luther King, un maestro con las palabras, tenía una bella frase para expresar la importancia del individuo en la que decía que si ayudaba a una sola persona a tener esperanza no habría vivido en vano.

Jesús se detuvo ante la samaritana, considerada escoria por su sociedad, que además era una mujer de mala reputación, y empleó más tiempo en hablar con ella que con muchos doctores de la ley. Predicó a multitudes, pero cuando caminaba entre ellas sintió que una mujer le había tocado el manto con fe y que había sido sanada.

La hermosa canción que interpreta Patty Cabrera, «Uno más para Cristo», en la que narra cómo su padre agonizando en el hospital le decía que quería vivir para llevar uno más, tan solo uno más para Cristo, nos habla de esa clase de fe.

Ministerios que se apagan

Mientras nos empeñamos en abrir nuevos lugares de culto descuidamos a los pastores de nuestras organizaciones, que sienten la frustración de no ser los ministros exitosos que se esperaba que fueran.

Muchos pastores, cuando asisto a su iglesia, siempre me comentan al mirar las sillas vacías: «No sé lo que sucede, pero hoy ha faltado mucha gente». Sienten que la responsabilidad es únicamente suya, mientras que la mayoría de miembros de su iglesia parecen indiferentes a las preocupaciones de su pastor.

No debemos predicar para llenar iglesias, tampoco para convertirnos en pastores exitosos, debemos hacerlo porque creemos que hay muchas personas que necesitan la esperanza del evangelio en sus corazones. Los números únicamente tienen valor si detrás hay vidas transformadas.

El mérito del crecimiento es de Cristo. El apóstol Pablo se lo recordó a los corintios, que eran tan dados a dividirse en bandos y seguir a personas. Pablo les dijo: «¿Qué, pues, es Pablo, y qué es Apolos? Servidores por medio de los cuales habéis creído; y eso según lo que a cada uno concedió el Señor. Yo planté, Apolos regó; pero el crecimiento lo ha dado Dios. Así que ni el que planta es algo, ni el que riega, sino Dios, que da el crecimiento. Y el que planta y el que riega son una misma cosa; aunque cada uno recibirá su recompensa conforme a su labor. Porque nosotros somos colaboradores de Dios, y vosotros sois labranza de Dios, edificio de Dios» (1 Co 3.5–9).

Algunos dirán: «Mario, ya sabemos estas cosas. El crecimiento lo da Dios». Eso me hace recordar la anécdota de un pastor que me comentaba que otro se le acercó en una convención y le dijo al oído que tal vez nadie les reconociera como «apóstoles», pero que ellos dos lo eran, porque habían abierto muchas iglesias y tenían ministerios exitosos.

A muchos nos les vale con ser colaboradores de Dios y presumen de lo que no son, pero otros, siendo siervos de Dios se ven como «hombres grises». Levanta el rostro y disfruta del ministerio, no importa lo que otros piensen, mientras sigas teniendo amor por las personas y deseo de que Dios transforme sus vidas, serás un pastor de éxito.

No toques al ungido

En los últimos años se han introducido en el cristianismo muchos mercachifles. Para los que no conozcan esta acepción les diré que significa «comerciante de poca importancia» o «persona excesivamente interesada en sacar provecho económico de su trabajo o profesión». Jesús les llamó asalariados, de ese tipo de pastores que huyen cuando vienen los problemas y dejan que sus ovejas sean devoradas.[2]

Un pastor me comentaba de un viejo compañero de seminario en América Latina que estaba visitando su ciudad. Este evangelista estaba teniendo un gran éxito en su ministerio y, cuando el pastor se acercó a saludarlo después de un culto, varios guardaespaldas se lo impidieron diciendo: «No toque al ungido de Jehová, porque podría morir».

Estas palabras serían graciosas si no fueran patéticas. Los mercachifles, los vendedores de humo arrasan la fe de muchos, impidiendo que esta vuelva a germinar en corazones que se han sentido estafados.

En otro caso, una pareja de jóvenes misioneros asistía a una iglesia muy grande para presentar su ministerio. En la reunión posterior que tuvo el pastor de aquella congregación con ellos, después de tratarles con desdén y soberbia, sacó un fajo de billetes del bolsillo y agitándoles delante de ellos les dijo: «Miren lo que consigue un pastor cuando tiene éxito, los diezmos de la congregación son para mí».

Otro ejemplo sangrante del modelo mundano que practicamos lo vemos en el caso de un directivo de una organización cristiana que le comentaba a otro distendidamente que con el dinero de la organización había comprado una botella de varios cientos de euros para regalarle a su jefe.

Lo realmente triste es que los modelos del mundo se cuelen en la iglesia, unos modelos que en muchos casos ni las denominaciones ni las organizaciones saben detectar y neutralizar.

Podríamos continuar poniendo ejemplos de pastores y líderes que tienen zonas vip en las conferencias y concentraciones, grandes eventos que en nada se distinguen de los espectáculos televisivos.

Por desgracia, la cultura del éxito ha entrado en la iglesia para quedarse, pero no podemos dejar que muchos ministerios mueran de fracaso o por una falsa concepción del éxito.

No olvidemos el ejemplo del levita que vivía en casa de Micaía y no dudó en mezclar el culto a Dios con el de las imágenes paganas, una vez que unos hombres entraron y robaron a su señor, se fue con ellos cometiendo todo tipo de fechorías (Jue 18.1–31). Siempre habrá personas que, como decía el apóstol Pablo, sirvan a Dios por contienda o vanagloria,[3] pero no olvidemos que ninguno de nosotros puede considerar un ministerio exitoso o fracasado según criterios meramente humanos. Los modelos con los que nos comparemos deben tener el fruto del Espíritu, nunca logros meramente humanos.

CONCLUSIONES DEL CAPÍTULO

1. No debemos dejar que el espíritu de la franquicia entre en la iglesia. Los seres humanos no se pueden estandarizar, tampoco los ministerios. Personas distintas con realidades distintas necesitan soluciones distintas para cambiar sus vidas. Hay que seguir modelos, pero sabiendo adaptarlos a nuestra idiosincrasia.

2. La sensación de fracaso en muchos pastores y líderes los lleva a adoptar posturas radicales. Algunos de ellos se convierten en personas orgullosas, inmovilistas y cerradas, pero eso los destruye a ellos y sus congregaciones. Nunca nos cerremos a aprender, tampoco nos comparemos con otros. ¿Cuál fue más exitoso, el ministerio de Jesús o el de Juan el Bautista? Si lo miráramos por cifras, los dos fueron un fracaso, pero si lo evaluamos como lo hizo Dios, fueron obedientes y aceptaron la voluntad de Dios, fueron los más exitosos de los líderes.

3. Algunos líderes se encierran en los libros y se creen adalides de la verdad, desde su torre de marfil vigilan la ortodoxia, pero terminan cuestionándolo todo y olvidando su vocación. El conocimiento nunca debe hacernos sentir superiores, siempre debe acercarnos a Dios y al prójimo. Tenemos que tener cuidado con lo que enseñamos y con si está bien sustentado en la Palabra de Dios.

4. Muchos pastores y líderes caminan como si fueran meros hombres grises, cuando en realidad están haciendo una gran labor. Algunos los menosprecian por sus escasos logros numéricos y no ven el trabajo que están realizando con muchas personas. Dios salva con muchos y con pocos. El crecimiento no lo producen los esfuerzos humanos, lo produce Dios.

5. Muchos se consideran ungidos por Dios, intocables y superiores a otros siervos, personas más interesadas en los beneficios de un liderazgo exitoso que en el servicio a Dios. Ese tipo de líderes ya tendrán su propia recompensa cuando venga el Príncipe de los pastores. No debemos convertirlos en modelos y, si es necesario, debemos denunciar ese tipo de comportamientos a las personas que los supervisan.

Capítulo 5

EL CONFERENCIANTE, EL
EJECUTIVO Y EL ARTISTA

Las zorras tienen guaridas, y las aves del cielo nidos; mas el Hijo
del Hombre no tiene dónde recostar su cabeza.

—MATEO 8.20

UNA DE LAS CARACTERÍSTICAS DEL MINISTERIO DE JESÚS FUE SU ESTILO itinerante. No era muy normal en el siglo I que un rabino tuviese un ministerio itinerante. La mayoría de los maestros de la ley formaban parte de una escuela rabínica y únicamente se desplazaban para fundar una nueva en otra ciudad de Israel. Los ministerios itinerantes tenían un pasado profético o se inscribían dentro de los agitadores que surgieron durante la ocupación romana de Palestina.

Juan el Bautista, primo de Jesús, se estableció en un lugar fijo del río Jordán, un enclave próximo a la ciudad de Jerusalén. Los esenios, un grupo religioso rebelde al sacerdocio del templo y al predominio de los fariseos y los saduceos, vivían en comunidades solitarias en el desierto. Los zelotes formaban pequeñas bandas rebeldes, pero no tenían ministerios públicos. Por tanto, Jesús no encajaba en el modelo tradicional de predicador judío. ¿Por qué viajaba Jesús? ¿Qué suponía para él y su grupo ese continuo movimiento de un lado para el otro?

Jesús el viajero

Durante sus tres años de ministerio, Jesús recorrió varias veces el territorio de Israel. En aquella época los viajes no eran tan comunes como en la actualidad, eran muy largos y peligrosos. A pesar de que había algunos establecimientos para descansar, como las posadas o mesones, Jesús y sus seguidores no podían permitirse ese lujo. En algunas ocasiones se quedaban en las casas de algún discípulo o amigo de Jesús.

Los movimientos constantes de Jesús se debieron a la necesidad de extender lo más rápidamente y lo más lejos posible su mensaje de esperanza y salvación. No había apenas medios de comunicación, tampoco era sencillo que las noticias corrieran muy deprisa, pero otra cosa era presentarse en una ciudad seguido por una multitud.

Jesús normalmente iba acompañado por algunas mujeres y discípulos en sus viajes.[1] Tampoco era corriente que viajaran juntos grupos de hombres y mujeres que no fueran familia, ya que la mujer tenía muy limitado su acceso a la vida pública. Por lo que los rumores y las malas lenguas hablando de Jesús y sus discípulos debían criticar estas «novedades». A Jesús y sus discípulos se les acusó de glotones, así como de andar con publicanos[2] y prostitutas.[3] El grupo no debía de exceder de veinte o veinticinco personas, pero en algunas ocasiones una multitud se unía a ellos. A pesar de la compañía constante, Jesús se separaba para orar y en algunas ocasiones dejó solos a los discípulos adelantándose a ellos por otro camino.

Jesús mismo reconoció la dureza de una vida itinerante cuando él mismo les dijo a los que querían seguirle: «Viéndose Jesús rodeado de mucha gente, dio orden de pasar al otro lado. Se le acercó un escriba y le dijo: —Maestro, te seguiré adondequiera que vayas. Jesús le dijo: —Las zorras tienen guaridas, y las aves del cielo, nidos; pero el Hijo del hombre no tiene donde recostar su cabeza. Otro de sus discípulos le dijo —Señor, permíteme que vaya primero y entierre a mi padre. Jesús le dijo: —Sígueme; deja que los muertos entierren a sus muertos (Mt 8.18–22).

Jesús no ocultó a sus discípulos, que por su causa en muchas ocasiones tendrían que dejar sus hogares y comodidades. El mismo apóstol Pedro se lo comentó cuando le dijo que lo habían dejado todo y le habían seguido.[4] Jesús le contestó que no habían dejado nada que no se les fuera a devolver multiplicado.[5]

La carretera solitaria

Estaba atravesando un momento difícil en mi ministerio cuando, mientras me dirigía a la iglesia, escuché una canción de Marcos Witt que me emocionó: «Es por ti». Creo que esta canción define muy bien la sensación de vacío que sienten muchos de los líderes en sus innumerables viajes a causa del ministerio. Marcos Witt se preguntaba en la canción por qué lo hacía. Cuando se apagan las luces y el estadio se queda vacío, justo en ese momento analiza y reflexiona sobre los motivos de su corazón.

El agotamiento y el vacío que quedan tras una charla, prédica o concierto es muy grande y, en muchas ocasiones, difícil de superar. Durante días te das con toda tu alma a personas que demandan tus palabras. Después de bajar del púlpito o la plataforma, la gente viene a felicitarte, comentarte algo o simplemente a saludarte. Todavía guardas la fuerza de la unción, pero cuando regresas a la solitaria habitación de tu hotel te invade un agotamiento inexplicable y, en ocasiones, cierta sensación de vacío.

Hace poco me comentaban cómo uno de los maestros más importantes de mi país, a pesar de su avanzada edad, continuaba viajando y enseñando por todo el territorio. El hombre, tras las charlas y estudios, se retiraba rápidamente a su habitación, agotado por la exposición, la edad y una enfermedad que iba minando poco a poco su salud. ¿Por qué lo hacía?

Si has viajado por el mundo a causa del ministerio, sin duda has experimentado alguna vez este tipo de agotamiento y soledad. Puede que la soledad de un líder en una habitación de hotel sea de las más profundas que llegue a experimentar. ¿A qué se debe? ¿Qué le está sucediendo?

Los anclajes de la fe

A veces no somos conscientes de que uno de los anclajes que nos sujetan y mantienen firmes, uno de los más importantes, es la familia. Puede que, cuando mis hijos juegan al otro lado de la puerta de mi despacho mientras preparo un sermón, su ruido me moleste. Tal vez me guste que de vez en cuando irrumpan en el estudio con cualquier excusa para verme. Mi hijo menor, cuando está en casa, entra en mi despacho una y otra vez. En muchas ocasiones únicamente asoma su cabeza por la puerta y me dice: «Papá, te quiero». Esas palabras son más energéticas que mil halagos cuando bajo de un púlpito o termino la presentación de un libro.

Nuestra esposa o esposo, hijos y amigos constituyen los anclajes que dan sentido a nuestra vida. Ellos son los regalos de Dios para que disfrutemos las pocas alegrías que puede darnos la vida. Cuando nos faltan nos sentimos perdidos.

Recuerdo que cuando comenté a varios colegas sobre el vacío y la soledad de una habitación de hotel, todos ellos sabían de qué hablaba. Ellos habían experimentado lo mismo.

Un viaje al año no hace daño, pero ¿qué sucede cuando los viajes son constantes debido a un ministerio musical, evangelístico o un cargo de ejecutivo en una empresa cristiana? ¿Cómo luchar con el vacío, la soledad y la tentación?

Al principio del libro afirmábamos que el diablo utiliza especialmente la soledad física para tentarnos o poner desánimo en nosotros. A veces esta soledad no está producida únicamente por un viaje, en muchas ocasiones sucede el mismo lunes, después de un domingo de victoria.

Recuerdo que, cuando éramos jóvenes y salíamos de algún retiro espiritual especialmente bueno, muchos de los maestros y monitores nos advertían que al regresar a casa sentiríamos sensación de vacío y desánimo. La primera vez no hice mucho caso a estos comentarios, pero al día siguiente de mi llegada a casa experimenté esa sensación.

He conocido a músicos que pasan dos y tres semanas al mes fuera de sus hogares. Personas que tienen miles de seguidores y admiradores, que dan todo lo que son en un escenario para la gloria de Dios, pero que se sienten totalmente vacíos después de darse a los demás. ¿Han hecho algo malo? ¿Qué les sucede realmente?

El efecto bumerán

El bumerán es una de las pocas armas que una vez arrojada vuelve a nuestras manos. A pesar de que es muy difícil su manejo, lo que pocos saben es que además es peligroso. Hace poco vi en una conocida serie televisiva que un excursionista que miraba al cielo apareció muerto, mientras otro hombre, al que se le había estropeado el auto, le observaba. Nadie sabía cómo había sido ni qué había sucedido realmente. Simplemente el excursionista tenía un golpe en la nuca. El investigador se devanó los sesos durante algunos días hasta que averiguó la causa de la muerte. El excursionista había arrojado un bumerán al cielo, pero al escuchar la explosión del motor del coche estropeado se había distraído un momento, recibiendo un golpe mortal en la nuca. El bumerán había caído junto a un riachuelo y la corriente se lo había llevado, convirtiendo aquel caso en un misterio.

Nuestro servicio espiritual tiene también un efecto bumerán. Servir a Dios no es fácil. Nuestro nivel de consagración y dedicación debe ser muy alto, para que la vida de las personas sea realmente transformada.

Cuando predicamos, cantamos o administramos los negocios del reino de Dios, notamos la capacitación y poder del Espíritu Santo. Hay gente orando por nosotros, en la sala en la que compartimos, los intercesores continúan pidiendo por la predicación, pero cuando se apagan las luces y regresas a la habitación de hotel te sientes abatido, aunque aquella noche haya sido de gran bendición. El efecto bumerán se ha producido. El diablo te ha lanzado una fuerte resistencia, que al pillarte con la guardia bajada ha logrado alcanzarte, sobre todo en tu mente.

La batalla de la mente es muy importante. Tras un gran esfuerzo físico, espiritual y emocional, un simple pensamiento puede hacer que te sientas derrotado. Uno de los casos más conocidos dentro de la Biblia es el de Elías y su depresión. Vamos a analizar el «efecto Elías».

Elías y su miedo

En 1 Reyes 18 y 19 se narra el curioso episodio en el que el profeta de Dios pasa de una victoria aplastante a una increíble derrota.

Elías se presenta ante Acab sabiendo que este le busca para matarle. Elías retó al rey para que convocara a todos los profetas de Asera y Baal, que servían a Jezabel, la esposa del rey. Después de una espectacular victoria sobre los enemigos de Dios, Elías oró para que regresara la lluvia y esta regresó. La victoria fue total, los sacerdotes paganos estaban muertos, la sequía terminada y el pueblo había sido testigo del poder de Jehová. ¿Qué sucedió en ese momento? El punto álgido de la montaña es también el punto de descenso.

En el capítulo 19 vemos a un profeta Elías totalmente diferente. El mismo hombre que había vencido a un ejército de falsos profetas tembló y se llenó de pánico ante una carta amenazante de la reina Jezabel.[6] Elías escapó e intentó dejarse morir en el desierto. Únicamente el cuidado directo de Dios impidió su muerte. ¿Qué había sucedido?

Tras el fatigoso enfrentamiento contra el mal, Elías estaba agotado física y mentalmente. Por eso, en una primera fase, Dios le deja que descanse, para después hacerle una pregunta: «¿Qué haces aquí, Elías?».

Durante mis años de ministerio he visto a muchos líderes agotados por los continuos viajes, creando una sima más grande cada vez entre ellos y su familia. Personas que se convertían en extrañas en su propia casa y terminaban por preferir la soledad de una habitación de hotel a sus propios hogares.

El resultado de este aislamiento puede tener consecuencias terribles para las personas y sus familias.

Llenar el vacío

La primera tendencia de muchas de las personas que experimentan esta clase de vacío es el buscar algo que les llene. En la habitación de un hotel no hay muchas cosas que puedan acompañarte en tu soledad, pero por desgracia hay las suficientes.

1. El alcohol

Un conocido cantante de mi país reconoció hace unos años, para sorpresa de todo el mundo, que había sido alcohólico. La gente se quedó estupefacta al saber la noticia. Recuerdo a aquel hombre hablando frente a una cámara. Su rostro expresaba el vacío y la soledad que sentía cada noche, después de dejar el concierto. Este hombre comenzó a consumir el alcohol del minibar de su habitación, hasta que perdió el control de lo que hacía. Primero había tomado algo de alcohol para relajarse, ya que el concierto le dejaba agotado pero al mismo tiempo nervioso. Mientras tomaba las pequeñas botellas de la habitación de hotel su mente se evadía, pero con el tiempo se hizo adicto al alcohol y tuvo que entrar en una clínica de desintoxicación.

Algunos pensarán que esto no puede pasar a un líder cristiano o aun cantante cristiano, pero por desgracia nadie está exento de estos peligros. El problema es que un líder cristiano o cantante lo ocultará por más tiempo, ya que al componente psicológico hay que añadir el moral. El cristiano sabe que el daño moral será mayor en las personas que le rodean y siguen su ejemplo. ¿Cómo podemos evitar esto? Pidamos en el hotel que retiren el alcohol de nuestra habitación, sobre todo si tenemos una debilidad en este tema.

2. El sexo

Un pastor, conocido mío, que tenía que viajar con frecuencia debido a que trabajaba en un ministerio internacional, comentaba a otro pastor en tono de broma, que cuando veía a algunos asistentes a las conferencias comprando ropa interior para sus esposas comenzaba a pensar que ya era hora de que todos volvieran a casa. Naturalmente, la atracción por el sexo no es algo exclusivo de los hombres. En la actualidad muchas mujeres tienen que viajar por sus ministerios y corren el mismo peligro que sus esposos.

En mi último viaje a Estados Unidos me sorprendió ver cómo un ejecutivo indonesio al que había observado en el *hall* del hotel, una media hora más tarde, subía con una mujer joven de pelo rubio a su habitación. Por desgracia muchos ejecutivos utilizan sus viajes para este tipo de comportamientos, pero los cristianos no estamos exentos de estos peligros. Es una realidad que hay prostitutas que entran en los hoteles para intentar cazar algún cliente y que muchos hombres y mujeres intentar llenar su vacío y soledad olvidándose de su familia y ministerio.

El pastor y terapeuta norteamericano Harry W. Schaumburg, director del ministerio Stone Gate Resources, en sus numerosos libros comenta decenas de casos de líderes cristianos que intentaron llenar su vacío con el sexo fuera del matrimonio. En un interesante artículo publicado con el título «El pastor adicto al sexo», por la página web de Assemblies of God, el doctor Schaumburg nos narra los problemas sexuales de muchos ministros.[7]

A lo mejor su matrimonio está muy afianzado y no teme algo así, pero nunca está de más prevenir y resguardarse. No olvide que José en Egipto prefirió huir de la mujer de Potifar en lugar de hablar con ella. Por desgracia, como comentamos anteriormente, el propio rey David, por no hablar de Salomón, sufrieron la merma de su ministerio y reinado por pecados sexuales.

En la actualidad, la sociedad está totalmente obsesionada con el sexo. Cada día recibimos cientos de reclamos sexuales en la publicidad, la televisión o internet. Nunca ha sido tan fácil ser infiel o acceder a material pornográfico. Los hoteles son lugares ideales para esto. Por eso es mejor tomar algunas medidas.

La primera es mantener contacto continuo con su esposa o marido. Gracias a internet también podemos ver a nuestros hijos y mujer por las redes sociales. El sentirnos cerca de la familia sin duda nos ayudará.

La segunda es evitar estar con personas del otro sexo a solas, sobre todo con desconocidos, ya sea en el *hall* del hotel o en las habitaciones. Debemos intentar mantener una distancia con admiradores o admiradoras del otro sexo. Mucha gente se acercará a nosotros con el deseo de tentarnos o hacernos caer. Recuerdo el caso de un pastor que conocí, cuyo ministerio quedó prácticamente destruido al mantener conversaciones sexuales con una joven de su iglesia, conversaciones que ella grababa con la intención de difundirlas más tarde.

Otra de las cosas importantes es no pasar tiempo en internet por la noche. Después de un duro día de trabajo nos sentimos cansados, vulnerables y nuestras resistencias son mucho menores. Tras contestar a los correos y poco más, desconectemos internet. También tengamos cuidado con lo que vemos en televisión, y procuremos leer. La lectura nos relajará y alejará muchos pensamientos.

Naturalmente, la oración es uno de los recursos más importantes. Dios nos fortalece y anima, su compañerismo nos ayudará a resistir muchas tentaciones.

3. La adicción al trabajo

Uno de los mayores riesgos de los pastores y líderes es la adicción al trabajo. Al igual que con el sexo o el alcohol, vivimos en una sociedad altamente adictiva. Podemos endiosar cualquier cosa y es necesario que por eso estemos vigilantes. Tal vez el primer ejemplo de adicción al trabajo que vemos en la Biblia fue el del rey Salomón.

Salomón era un hombre extraordinario, con gran inteligencia y capacidad. Comenzó a reinar muy joven y tuvo que luchar con las debilidades de su edad y con los problemas de un reino próspero que necesitaba seguir creciendo. Salomón tuvo un reinado largo, pero su sabiduría le llevó a la melancolía y el desengaño. En sus libros de Eclesiastés y Proverbios, observamos cómo fue pasando por diferentes etapas. Una de ellas fue la adicción al trabajo.[8]

El hombre necio de la parábola de Jesús es otro ejemplo de esa adicción. Durante buena parte de su vida se dedicó a trabajar sin cesar, acumuló más riquezas de las que necesitaba. Las palabras de Jesús fueron muy duras: «¡Necio! esta misma noche te pedirán el alma» (Lc 12.20). Martin Luther King tiene una predicación magistral sobre este tema y, acerca sobre el modelo de sociedad que estamos construyendo, dice:

> Pensemos en este hombre. Si viviera en nuestra comunidad y en nuestros días, lo consideraríamos «un pez gordo». Le sobraría prestigio social y respetabilidad. Sería uno de los pocos privilegiados en la estructura del poder económico. Y, ya veis, un hombre de Galilea tuvo la osadía de llamarle necio.[9]

Posiblemente este sea el pecado más peligroso de los que hemos mencionado. Las adicciones moralmente reprobadas son fáciles de identificar aunque cueste luchar contra ellas, pero la adicción al trabajo es demasiado escurridiza. Tal vez sea este el pecado que cometemos más líderes cristianos, y lo peor es que lo llamamos servir a Dios.

Recuerdo el caso de un pastor que fue de vacaciones con su familia, después de una pesada campaña evangelística, a un lugar paradisiaco. Tras estar tres o cuatro días en la playa, le dijo a su esposa que regresaban a casa, que no podía aguantar la inactividad. Este comportamiento parece indicar una personalidad adicta al trabajo. De alguna manera, ese trabajo ocupa el lugar de Dios y termina afectando a la vida del líder y de los que le rodean.

Ya hablaremos más extensamente de este problema en el capítulo dedicado a la familia, pero sin duda la adicción al trabajo ha roto más familias de líderes que cualquier otro tipo de pecado o adicción.

Recuerdo el caso de otro líder cristiano que viajaba constantemente, hasta el punto que su relación conyugal quedó seriamente dañada. Su sentido de culpa, al reconocer la falta en el hogar durante todos esos largos viajes, le impidió sanar y restablecer su relación. Esto llevó a un deterioro mayor, que produjo mucho sufrimiento a su alrededor y merma en su ministerio.

No olvidemos que este tipo de adicciones ha contribuido a que muchos líderes y pastores descuiden su ministerio principal, que es ser sacerdotes de sus hogares. Dios nos llamó primero a ser padres y esposos o esposas, después a ser pastores o ministros. Cuando invertimos su orden, la gente que más amamos sufre las consecuencias.

Naturalmente, este problema no afecta únicamente a los líderes cristianos, muchos creyentes que tienen que viajar sufren las mismas consecuencias.

¿Cómo podemos evitar este tipo de adicción?

Podemos hacer algunas cosas para prevenir la adicción al trabajo o combatirla.

La primera es pasar tiempo desconectados del trabajo. Sabemos que esto es cada vez más difícil, pero necesitamos pasar tiempo reflexionando, divirtiéndonos con alguna afición y con nuestra familia. Recuerdo que tras mi último viaje de promoción (en el que en once días realicé decenas de entrevistas, recorrí cuatro estados de Estados Unidos y cambié ocho veces de hotel), al regreso, mi esposa me había preparado unas vacaciones en el lugar más apartado al norte de mí país. Una zona casi sin cobertura de teléfono e internet, totalmente aislada y despoblada. El choque fue muy fuerte, pero me benefició. Al tercer día ya se me había olvidado mi viaje.

La segunda cosa es poner límites. Al trabajar para América y Europa a la vez, muchas veces me he visto trabajando desde las seis de la madrugada hasta las doce de la noche sin parar. Puede que tengamos periodos en los que el trabajo nos exige más tiempo, pero deben ser cortos, con fecha en el calendario, y debemos dedicar luego tiempo a nosotros mismos.

La tercera cosa que podemos hacer es aprender a decir no. En los tiempos que corren parece muy difícil. No queremos perder oportunidades y, después de sufrir una crisis terrible, pensamos que cerrar una puerta nunca es una buena idea. A veces, como líderes, queremos agradar a todo el mundo, pero a quien debemos agradar es únicamente a Dios y nuestra familia.

4. Adicción a la tecnología

La adicción a la tecnología es la última ola en las adicciones modernas. Todos estamos conectados en todo momento. Algunas personas que conozco han optado por no tener teléfono móvil o internet. Están en su perfecto derecho, aunque eso les mantenga al margen de muchas cosas y les ponga en peligro a la hora de saber comunicar su ministerio a un mundo cada vez más digitalizado.

En la iglesia en la que estoy en la actualidad la gente ya no se conforma con dejar que su teléfono suene en cualquier momento, ahora acceden a internet o utilizan su WhatsApp durante el culto.

Hace poco daba un taller sobre literatura y algunos de los alumnos me reconocieron que los móviles y las redes sociales impedían que se concentraran en algo de manera duradera. Nos hemos acostumbrado a estar escuchando, mirando el teléfono, consultando Twitter y apenas somos conscientes de ello.

Muchas personas, en sus viajes profesionales o ministeriales, están más preocupados por la red *wifi* del hotel o cómo está la batería de su dispositivo que por cualquier otra cosa que les rodee. Somos como niños jugando con un chisme que terminará dominando nuestras vidas si se lo permitimos. «Todo me es lícito, pero no todo conviene; todo me es lícito, pero no todo edifica», decía el apóstol Pablo a los corintios (1 Co 10.23).

Yo tengo una *tablet*, un *smartphone* y todo tipo de aparatejos, y debo confesar que a veces es difícil no echar una ojeada. Sobre todo cuando por tu trabajo tienes que estar atento a las redes sociales o internet.

Las tecnologías son buenas, pero en su justa medida.

Deprimido sin saber por qué

Viajaba con el ejecutivo de una empresa en su auto después de un día agotador. Disfrutábamos del buen tiempo que hacía aquella noche en la Costa Oeste de Estados Unidos. Habíamos cenado en un sitio maravilloso y todos nuestros planes se habían cumplido. El hombre comenzó a hablarme de su familia, de lo feliz que era con su esposa, pero me confesó que a veces sentía una tristeza inexplicable, parecía sentirse deprimido sin razón. Otro amigo estuvo pasando un proceso de angustia por su trabajo, que terminó afectando otras áreas de su vida. Al exceso de trabajo y estrés pueden unirse los interminables viajes, los cambios de horarios y la tormenta de emociones que sentimos al conocer tanta gente nueva.

Muchos líderes entran en proceso de depresión y encima se sienten culpables por ello, como si los cristianos no pudiéramos deprimirnos. Hablamos anteriormente del caso de Elías, pero podríamos mencionar de nuevo a David, Jonás, Jeremías, Ezequiel o el propio apóstol Pablo, personas muy cercanas al corazón de Dios cuyos viajes y ministerios les dejaron exhaustos.

Mi buen amigo José Luis Navajo, en su libro *Lunes con mi viejo pastor*,[10] narra de una manera magistral las causas y efectos del agotamiento producido por un exceso de estrés. Este proceso de agotamiento, que los especialistas llaman síndrome de *burnout*, no es otra cosa que la fatiga crónica producida por una respuesta prolongada de estrés. Los pastores y líderes son víctimas de estos procesos de agotamiento. Estar expuestos al público constantemente, no tener tiempo para uno mismo o para la familia, termina minando nuestras fuerzas psicológicas, emocionales y espirituales. El trabajo ministerial es interminable, siempre hay algo que hacer y, en muchas ocasiones, además influye en la vida de las personas que pastoreamos. El sentimiento de culpa, la presión exterior o la autoexigencia pueden ser malas consejeras.

El otro aliado del estrés es la ansiedad. Recuerdo cuando, poco antes de mi boda, tras un trabajo extenuante y ante la falta de recursos para la celebración, sufrí un ataque de ansiedad cuando me dirigía a la casa de mi novia. Creía morir, notaba cómo mis músculos se agarrotaban, y cuando llegué al hospital los médicos me metieron en una camilla a toda velocidad. Los problemas me habían superado. El exceso de trabajo puede minar nuestra salud, como los incesantes viajes.

Escuchaba hace poco de un pastor inglés que entró en uno de estos procesos, pero afortunadamente su organización se dio cuenta y durante seis meses le eximió de viajar y casi de actividad. Un amigo creyente, al tener que afrontar una gran responsabilidad, llegó a estresarse tanto que su mente empezó a bloquearse, su jefe se dio cuenta y le dio un periodo de descanso.

Debemos cuidar nuestro cuerpo, mente y espíritu. A veces superamos muchas de estas cosas que hemos mencionado o nunca las sufrimos, pero caemos en la gula, la pereza u otras reacciones de nuestro cuerpo y mente ante el exceso de presión.

Es por ti

Comentábamos al principio que en la canción de Marcos Witt «Es por ti», el conocido cantante y pastor se hacía la pregunta de por qué hacía las cosas, de qué le llevaba a sacrificar el tiempo con su familia.

La respuesta a esta pregunta es muy importante. Tenemos que tener claras las cosas, saber cuál es la verdadera motivación de nuestros actos. Sin darnos cuenta puede que hagamos las cosas para que los demás nos alaben, para que nuestro ego se sienta satisfecho o para cubrir fallas de nuestro carácter o personalidad. Todas estas motivaciones egoístas aumentarán más la sensación de vacío y soledad en nosotros. El éxito no sacia, siempre hay una montaña más alta que alcanzar. El reconocimiento es gratificante por un momento, pero después es vacío oropel. Entonces ¿por qué lo hacemos?

Es por Jesús. Él nos amó, nos salvó y todo lo que tenemos proviene de él. Recuerdo que un pastor, tras estar hablando yo en una predicación de que nuestras obras son inmundicia delante de Dios y de que somos siervos inútiles si lo que debíamos hacer hacemos, me comentó que yo tenía una visión muy negativa del ser humano y del ministerio. Yo le respondí que nada más lejos de mi mente. Dios aprecia lo que hacemos, pero no nos ama por eso. No podemos ganarnos su amor, 1 Corintios 13 nos lo explica de manera magistral. Es Dios, por medio de Cristo, el que lo hizo todo por nosotros. La canción de Marcos Witt suena mientras tecleo estas palabras, escucho sus palabras y me veo reflejado. La mejor manera de superar los problemas y tentaciones de un viaje, la forma de superar la soledad que podemos sentir es tener un sitio al que volver. Mi hogar es ese sitio y no hay otro mejor en el mundo. El mejor hotel del mundo, el sitio más paradisiaco se convierte en basura cuando lo comparo con mi casa sencilla, mi esposa e hijos. ¿Tienes un hogar? Esos son tus anclajes. ¿Amas a Dios sobre todas las cosas? Hazlo por él y olvídate de este tipo que duerme a tu lado, tu ego. ¿Saben? Lo mejor de mi viaje es siempre cuando vuelvo a abrir las puertas de mi casa y mis hijos corren a abrazarme, cuando me mujer me besa y veo en sus ojos que sigue amándome como el primer día. Dios no nos promete ni una almohada sobre la que recostar nuestra cabeza, pero nos ama con todo su corazón.

CONCLUSIONES DEL CAPÍTULO

1. Jesús tuvo un ministerio itinerante. Sabía lo duro del viaje y nos mostró que nuestra vida cristiana es un camino que hemos de recorrer a su lado. Todo de lo que dejemos por amor al evangelio nos será devuelto multiplicado.

2. Los viajes de los pastores, ministros, líderes y artistas cristianos tienen también una parte espiritual. Debemos tener cuidado con el efecto bumerán. La lucha espiritual hará que el ataque de Satanás llegue justo después de la bendición. Puede que sea un lunes después de un domingo glorioso, pero sobre todo en viajes que tengamos que realizar.

3. Hay varios peligros que pueden acecharnos al realizar un viaje. El primero es la profunda soledad que sentimos en las habitaciones de hotel. Algo que no contamos a los demás porque creemos que únicamente nos pasa a nosotros. Para llenar ese vacío a veces lo ocupamos con cosas que nos hunden más. En muchas ocasiones intentamos llenar el vacío con alcohol, sexo, trabajo o tecnología. Cuando nos sentimos atrapados por estas cosas ya es demasiado tarde.

4. En algunas ocasiones, la soledad de los viajes, las habitaciones vacías de hotel, nos producen depresión, estrés, ansiedad y agotamiento emocional. Eso nos hace sentir mal, pero debemos acudir a Dios para que nos ayude e intentar no poner al límite nuestras fuerzas.

5. La mejor manera de evitar esta soledad y vacío durante nuestro viaje es poniendo nuestras prioridades en orden. ¿Por qué lo hacemos? Debemos hacerlo por Dios y para Dios. Él nos ama, fue el que nos envió a Cristo por amor. Lo que somos y tenemos es fruto de su misericordia. Cuando tenemos un lugar al que regresar, nuestro viaje toma verdadero sentido y significado. No olvidemos que nuestra familia es nuestra principal responsabilidad y que nuestro hogar es el verdadero lugar al que pertenecemos.

Segunda parte

CÓMO AFRONTAR TU SOLEDAD

Capítulo 6

EL ENEMIGO EN CASA

Y extendiendo su mano hacia sus discípulos, dijo: He
aquí mi madre y mis hermanos. Porque todo aquel que
hace la voluntad de mi Padre que está en los cielos, ése es
mi hermano, y hermana, y madre.

—Mateo 12.50

El líder y su familia

El primer pastor que tuve era un hombre excelente. Fue a través de su ministerio como llegué a Cristo. Su ejemplo y testimonio de vida eran tales que atrajo a mucha gente a Dios. Aquel hombre joven llevaba más de veinte años sirviendo a Dios en mi país, tenía tres hijos y una joven esposa. Parecía la familia perfecta, pero ella llevaba mucho tiempo queriendo que su esposo dejase el ministerio y que regresaran a casa. No juzgo el comportamiento que tenía aquella mujer, ya que desconozco los detalles y el fondo de su corazón. Es bueno que siempre practiquemos la máxima bíblica de no juzgar a nadie, pero cada domingo, en cuanto el culto terminaba, aquella mujer salía de la iglesia sin saludar a ningún miembro y se sentaba en el coche a esperar a su esposo. Yo que soy pastor sé lo duro que debía de ser esto para él. La vergüenza, la tristeza y desazón que le debía provocar aquella situación, pero a veces las personas que deberían apoyarnos son las que están más lejos de nosotros y nos hacen sentir solos.

Todos los que servimos a Dios sabemos que es algo muy serio. A todos nos resuenan en la mente las palabras del apóstol Pablo: «Ay de mí si no predicase el evangelio».[1] A las pocas semanas de comenzar una relación de noviazgo con la que es mi esposa, tuvimos una charla trascendental. Amaba a mi novia profundamente, de hecho llevamos más de veintiún años juntos, pero aquella tarde en un parque de mi ciudad le dije que tenía un llamamiento al pastorado de parte de Dios. Si ella quería que siguiéramos juntos debía apoyarme y seguirme en mi vocación, por duro y difícil que fuera. Puedo afirmar que en todos estos años ella no ha dejado de apoyarme. Sin duda es mi ayuda idónea, lo que no significa que siempre veamos la cosas de la misma manera, ni mucho menos que yo tome decisiones sin contar con ella.

Una de las cosas que más me ha sorprendido al leer casi un centenar de libros sobre liderazgo es que casi ninguno habla de la familia del líder, únicamente unos pocos sobre su pareja. La mayoría se contentan con señalar que el líder necesita «ayuda idónea», pero sin explicar qué significa exactamente eso. ¿Necesitamos a alguien que toque el piano? ¿Qué cuide a los niños o pase la ofrenda?

Naturalmente que no. Tanto el hombre como la mujer líder necesita una persona que le complete, que le dé otro punto de vista, que sea paciente cuando él o ella pierden la paciencia, que sea amoroso cuando se agota el amor, que te anime cuando estás desanimado. En definitiva, que te apoye y no permita que te sientas solo.

Mi familia es la iglesia

Ya he escuchado a varios líderes decir a su congregación, o incluso a su esposa e hijos, que su familia es la iglesia. Algunos citan para justificar estas palabras el texto que encabeza este capítulo, de cuando Jesús recibió la visita de sus hermanos, hermanas y madre, al parecer para hacerle volver a casa.

La escena no deja de sorprendernos hoy día. Imagino el enfado de Jesús al ver aparecer a sus parientes con la intención de que volviera a su «casa». Decíamos al principio de este libro que para Jesús la familia es algo tan serio que dedicó treinta de sus treinta y tres años a ayudar y mantener a su familia. Jesús, como varón y primogénito, tenía el deber de sustentar a su familia tras la pérdida de su padre. Aunque no sabemos a qué edad murió José, sí sabemos que cuando Jesús comenzó su ministerio María ya era viuda. Conociendo a Jesús, debió dejar a su madre bajo el cuidado de sus hermanos o hermanas, asegurando que no le faltase de nada, pero por alguna razón, tal vez escuchando las malas lenguas que criticaban lo que hacía Jesús, su familia fue a recogerle. Es en ese contexto en el que Jesús les dice que su madre y sus hermanos son sus discípulos y los que hacen la voluntad de su Padre. Mucho antes de este episodio, cuando Jesús se pierde en Jerusalén, al hallarlo María y José, este le contesta que estaba en los negocios de su Padre. Ante el estorbo en la misión se debe cumplir la máxima de dejar padre o madre por el reino de los cielos, pero ¿debemos desatender a nuestra familia para servir a la iglesia?

Cuando he escuchado a varios pastores y líderes decir que su familia eran los hermanos, que la familia carnal es temporal, veo que han olvidado el mandamiento de honrar a su padre y a su madre, que no recuerdan que un requisito para que ellos sean pastores es que sepan gobernar bien su casa, pero de esto hablaremos un poco más adelante.

Mi pareja no tiene nada que ver con mi ministerio

A las últimas modas ministeriales y de liderazgo se ha añadido la de entender el pastorado y el liderazgo como un trabajo. Sin duda, el obrero es digno de su salario,[2] los pastores y líderes deben poder acceder a protecciones laborales y sueldos, pero el ministerio pastoral en especial, y cualquier ministerio cristiano tiene que estar apoyado por su pareja.

El ejemplo de un buen amigo cuya esposa es cantante ejemplifica esto a la perfección. Mi amigo ha dejado todo, incluso su país, por ayudar a su esposa en la ardua tarea de promocionar su carrera como cantante cristiana. Después de jornadas agotadoras de lunes a viernes, mi amigo se pasa el fin de semana recorriendo Estados Unidos apoyando a su compañera. Esto es digno de alabanza, demuestra no solo el amor que tiene a su mujer, también que comparten una misma visión.

El esposo o la esposa tienen que formar parte de nuestro ministerio. Puede que llegados a este punto me digas que tu pareja no tiene ningún don y que más bien es un tropiezo en tu ministerio. Siento decirte esto, pero no puedes continuar siendo líder de la iglesia, por mucho que ames a Dios y te sientas llamado por él. En algún momento de tu relación tenías que haber planteado tu visión, debías haber buscado a la persona con los dones adecuados. Dice el apóstol Pablo que en el ministerio es mejor que estemos solos que con familia, ya que nos debemos a ella una vez que la tenemos.[3] Sé un buen creyente y colaborador de la iglesia, pero si lo intentas tú solo dañarás a tu familia y con casi total seguridad a la iglesia.

Puede que durante tus años de ministerio tengas crisis de pareja. La vida es muy larga y los ministros de Dios somos humanos. En el caso de que esa crisis no pueda ser solucionada por ustedes deben pedir ayuda. Los problemas familiares y de pareja son incompatibles con el ministerio.

En el libro de Jon Byler titulado *El corazón del líder*,[4] se dan algunos buenos consejos sobre las prioridades en el matrimonio y la familia. No olvidemos que como líderes somos modelos para la congregación.

Todo está bien en casa

Por desgracia, muchos matrimonios de líderes son un verdadero desastre, aunque de cara a los demás parecen perfectos. No hemos entendido bien el mensaje de Jesús. Los siervos de Dios no son infalibles, simular ser perfecto es el mayor daño que podemos hacer a una congregación.

Nuestros hermanos de la iglesia deben ver una relación fluida y sana con nuestro cónyuge, no una película de ciencia ficción. Las parejas de los líderes pueden discrepar con él en algún punto, tienen que aportar a la iglesia la parte que al líder le falta. En definitiva, se trata de un trabajo en equipo.

Mi esposa es mucho más inteligente, tienes más dones para hablar en público y, naturalmente, es más guapa que yo. Ella siempre aporta a mi visión lo que le falta. Sé que si ella está a mi lado y de mi lado las cosas saldrán bien. Cuando hace unos años asumí el pastorado de los jóvenes como copastor de la iglesia, noté un gran cambio cuando ella se incorporó de lleno al trabajo. En primer lugar el cambio con las chicas, a las que sabía que yo no podía atender adecuadamente, pero después con los proyectos y potenciación del grupo. No en vano nos recuerda la Biblia que «si alguno prevaleciere contra uno, dos le resistirán; y cordón de tres dobleces no se rompe pronto» (Ec 4.12). También nos recuerda la Palabra de Dios que es mejor estar acompañado que solo: «Porque si cayeren, el uno levantará a su compañero; pero ¡ay del solo! que cuando cayere, no habrá segundo que lo levante» (Ec 4.10).

Naturalmente, para que esta simbiosis se produzca tenemos que estar unidos y pasar tiempo de calidad solos. Después de estar más de seis meses liderando la iglesia sin faltar un domingo, mi esposa y yo nos tomamos un día especial para estar solos. Para muchos esto puede que no estuviera bien, ya que muchos pastores parecen ser imprescindibles en las iglesias, pero lo que es verdaderamente imprescindible es la comunicación y el tiempo de calidad con tu esposa o esposo.

No ocultemos nunca cosas a nuestra pareja porque pensamos que no nos va a apoyar. No tomemos decisiones sin consultar con el otro; hemos decidido compartir nuestra vida y las decisiones afectan a ambos.

Mantengamos abierto el canal de comunicación, no permitamos que nada lo obstruya. A veces pueden taponarlo los niños, cuando nuestros hijos ocupan el lugar que no tienen que tener, sin dejarnos espacio para estar solos. Nosotros, mi esposa y yo, cada tres semanas nos tomamos una velada juntos, cada semana reservamos la noche del viernes para cenar y estar hablando tranquilamente. El amor es una llama que nunca debemos dejar apagar.

¿Qué hacer con una pareja que no me acompaña en el ministerio?

Lo primero que tenemos que analizar es el porqué. Puede que alguna de las razones sea que esa persona siente que para ti todo es más importante que ella. Podemos decir a una persona que la amamos mucho, pero si no pasamos tiempo con ella, si no tomamos en cuenta su opinión, terminará por no creernos.

Puede que nuestra pareja no nos apoye por diferentes razones.

1. No tenemos la misma visión

Una de las cosas que más me cuesta es esperar. Soy un hombre resolutivo y práctico. Me gusta que las cosas se muevan y no esperar mucho a la hora de poner una idea en práctica, pero no estoy solo en esta vida. Mi esposa es más reflexiva y necesita tiempo para tomar decisiones. Ella observa mejor que yo los pros y los contras, yo siempre creo que los contras se podrán resolver sobre la marcha. Durante dos años, después de estar llevando junto a unos amigos la marcha de una iglesia, Dios nos llamó a comenzar otra obra. Los dos estuvimos de acuerdo. Aquella fue una prueba difícil, ya que sabíamos que antes tendríamos que pasar un tiempo de transición. Por mi parte, en seis meses hubiera dado el salto para comenzar una nueva iglesia, pero mi esposa creía que no era el momento. Necesitábamos aprender ciertas cosas que únicamente se aprenden sentados en una silla de iglesia. Para mí fue un verdadero suplicio, al no poder ejercer mis dones plenamente, pero de lo que no me daba cuenta es de que ese tiempo de sequía, en algún sentido, me estaba fortaleciendo más que años de servicio en la iglesia.

No es fácil convertirse de nuevo en soldado habiendo sido general, pero si de algo estaba convencido es de que los dos teníamos que ver la visión al mismo tiempo. Las parejas somos como relojes que necesitan ser sincronizados para llegar a la vez.

2. No creemos lo mismo

Es muy difícil tener a un teólogo en casa, pero Dios no nos ha llamado para que estemos de acuerdo hasta en la cosa más nimia. En muchas ocasiones tendremos puntos de vista no demasiado discrepantes en algunos temas secundarios, esa diversidad es siempre buena. Existe en la iglesia de Dios y debe existir en la familia. Siempre digo que mi familia es interdenominacional. Mi esposa viene de las iglesias de los Hermanos de Plymouth, tengo cuñados que son pastores en las Asambleas de Dios, en iglesias pentecostales independientes, en iglesias bautistas, y amigos en todos los grupos denominacionales. Sin duda, la discrepancia tiene que tener ciertos límites: las doctrinas básicas y una liturgia mínima; de otro modo, la tirantez puede llegar a dividir a la pareja.

3. No encuentra su lugar en la congregación

Es normal que muchas esposas de pastores trabajen en casa o tengan una profesión complementaria; lo mismo sucede al revés, cuando el líder es mujer, pero el cónyuge siempre debe ejercer su ministerio en la iglesia. Ya hemos hablado de la necesidad de compartir la carga, pero también del compañerismo que produce trabajar juntos y el ejemplo para el resto de creyentes.

No es admisible que pidamos a las parejas de nuestra iglesia que se apoyen en todo, pero nosotros no apoyemos a la nuestra. En algunos casos, cuando la pareja no apoya el ministerio del otro o el líder no quiere que esta lo haga, una tercera persona ocupa el lugar, lo que a medio plazo se convierte en un problema. Ya he visto varios casos en los que esto ha generado un conflicto, pasando el pastor o el líder más tiempo con una colaboradora que con su esposa. Además del mal testimonio que puede conllevar, trae consigo una clase de amistad que no es conveniente.

4. El rol femenino en la iglesia

A veces en la iglesia hay machismo encubierto. Pensamos que ciertos roles son para la mujer y otros para el hombre. Hace poco pude disfrutar de una experiencia que me ayudó a cambiar mi visión de algunas cosas. En nuestra casa tenemos un grupo de hogar desde hace un par de años. Cuando nos planteamos comenzarlo mi esposa me dijo que lo dirigiera yo, pero desde el primer momento vi claro que era mejor que lo hiciera ella. Durante este tiempo mi esposa ha hecho un trabajo excelente, yo la he apoyado en todo y durante las reuniones he cuidado a los niños de las personas que asistían al grupo de hogar. Necesitaba saber qué se sentía al hacer la parte menos agradable del trabajo y he descubierto que cuidar a los niños era la mejor parte, no la secundaria.

Mi relación no funciona

Puede que las cosas no estén marchando bien en su matrimonio y eso encima le haga sentirse culpable. Hay muchos ejemplos en la Biblia de situaciones matrimoniales difíciles y relaciones disfuncionales. Tenemos el caso de Isaac y Rebeca, en el que la esposa del patriarca estaba intentando todo tipo de astucias para que su esposo bendijera a Jacob y no al primogénito Esaú. La relación de Abraham y Sara tampoco fue modélica, pero fue la persona escogida por Dios para que de su descendencia saliera el pueblo de Dios y el Mesías del mundo.

Cuando los problemas crecen y no parecen tener solución debemos esperar en Dios, orar juntos e intentar enfrentar los conflictos, no esconderlos o evadirlos. Después, en el caso de que no encontremos soluciones, buscar un terapeuta cristiano que nos ayude a recuperar la relación. Para ello debemos tener en cuenta que durante ese tiempo no deberíamos ejercer el ministerio, por varias razones: la familia es nuestra prioridad, Dios me llamó primero a ser el sacerdote de mi propio hogar. La segunda razón es que no podemos ejercer bien el ministerio si estamos sufriendo, nuestros sentidos están alterados, al igual que nuestro estado de ánimo.

La Biblia además nos dice: «Vosotros, maridos, igualmente, vivid con ellas sabiamente, dando honor a la mujer como a vaso más frágil, y como a coherederas de la gracia de la vida, para que vuestras oraciones no tengan estorbo» (1 P 3.7). Es increíble, pero nuestra relación matrimonial influye mucho en el plano espiritual.

Me voy a separar

Imagino que si has llegado a esta situación es porque has pasado un proceso largo y doloroso. Cuando algo se rompe es muy difícil unir los pedazos. La Biblia únicamente aprueba la separación y el divorcio en el caso de adulterio.[5] Aunque puede haber otros casos graves, como maltrato, enfermedad mental, etc. El divorcio o la separación siempre son dolorosos, pero el líder cristiano no debería ejercer el ministerio en estos casos. El apóstol Pablo recomienda a los separados que no se vuelvan a casar y se mantengan solos.[6]

La Biblia hace especial hincapié en que el líder tiene que ser marido de una sola mujer.[7] Algunos consideran que el apóstol aquí se refiera a la práctica de la poligamia, pero en el mundo clásico y en el judío era una práctica muy rara. Otros comentan que se refiere a la fidelidad debida a la pareja.

En la actualidad se ha extendido tanto la separación y el divorcio entre cristianos que es muy común que también los líderes hayan tenido más de un matrimonio. Muchos argumentan que, si todos los líderes casados por segunda vez tuvieran que dejarlo, muchas iglesias quedarían desatendidas. En la investigación que Enfoque a la Familia (Focus on the Family) hizo hace unos años llegó a la conclusión de que 25% de los pastores eran divorciados.[8] Los datos en América Latina u otros continentes pueden ser también preocupantes.

Es mejor que los líderes que han tenido problemas matrimoniales y se han divorciado, a no ser que la causa sea adulterio y abandono del hogar por sus parejas, no regresen al ministerio ni se casen de nuevo. Eso no significa que no puedan ejercer sus dones en las iglesias, ya que esos dones pueden realizarse desde otro nivel ministerial.

Dios restaura y devuelve a la persona su dignidad, pero los pastores y líderes son modelos; si esos modelos están quebrados, no pueden ejercer como tales para sus iglesias.

Pastores y líderes solteros

Puede darse el caso de que haya pastores y líderes solteros. No es recomendable que las personas que se dedican directamente al pastorado estén solteras. No olvidemos que buena parte de su trabajo consiste en ayudar, aconsejar y consolar a personas que pasan por situaciones difíciles. Matrimonios rotos, problemas con los hijos, infidelidad o problemas de otra índole. En estos casos es difícil que un pastor soltero pueda ayudar a sus feligreses, aunque sí puede ayudar en un ministerio conjunto como pastor auxiliar o ayudante.

El comportamiento de los pastores solteros con sus familias ha de ser también ejemplar, honrando a sus padres y manteniendo una estrecha relación con ellos.[9]

Sin duda, el pastor y su familia son un modelo para la grey de Dios, por eso también es muy importante cómo es el pastor o líder en su papel de padre o madre.

Padre de familia

Ya hemos mencionado en varias ocasiones que los pastores tienen que tener como prioridad a sus propias familias. Cada padre y madre debe velar por sus hijos en el hogar.

En las recomendaciones del apóstol Pablo a Timoteo le dice: «... que gobierne bien su casa, que tenga a sus hijos en sujeción con toda honestidad (pues el que no sabe gobernar su propia casa, ¿cómo cuidará de la iglesia de Dios?)» (1 Ti 3.4–5).

El gobierno de la casa se asemeja en parte al de la iglesia. Si somos fieles a Dios en lo poco, él nos pondrá sobre lo mucho, pero necesitamos antes saber gobernar. La Biblia lo llama tener a los hijos en sujeción. Otras versiones dicen «sujetos con toda dignidad», que tengan buen testimonio, que respeten a sus padres y sean un ejemplo. Eso no significa que los hijos de los pastores no cometan errores, que no pasen sus etapas de rebeldía, pero los padres deben saber cómo educarlos, ya que los pastores son modelos en su iglesia.

He visto todo tipo de hijos de pastor. Desde los que mantenían un comportamiento adecuado y cariñoso, hasta los que le gritaban en la puerta de la iglesia a su padre. Sin duda, tanto para el pastor como para su familia, es desagradable que los problemas familiares se terminen exhibiendo de esa manera.

Uno de los principales problemas de los pastores y sus familias es la falta de tiempo. Muchos pastores trabajan casi de sol a sol, sin tiempo apenas para ellos mismos o sus familias.

A veces falta comprensión por parte de los pastores con sus hijos. No podemos exigir a una persona que no se ha convertido, por muy hijo de pastor que sea, que asista a la iglesia o se mantenga con cierta actitud, cuando llega a cierta edad. En muchas ocasiones los pastores no prestan atención a la vida espiritual de sus hijos.

El diablo tiene entre sus objetivos primordiales a la familia pastoral; sabe que si el pastor cae, se desanima o se marcha de una iglesia, los feligreses se dispersarán.[10]

En muchos casos los pastores que viajan mucho se sienten mal si el poco tiempo que pasan con sus hijos tienen que estar corrigiéndoles. Es muy duro ser padres y pastores, pero pongamos nuestra prioridad en nuestros hijos. Oremos con ellos, hablémosles con nuestro ejemplo, ya que muchas veces decimos una cosa en la iglesia y hacemos otra muy distinta en casa.

La rigidez nunca es buena. He conocido a muchos hijos de pastor heridos, porque su padre se preocupaba más de su comportamiento que de su vida. Realmente tenemos que ver en nuestros hijos la mejor obra que dejaremos en la tierra.

Mi hijo tiene el don

Comentábamos en los capítulos precedentes cómo el nepotismo se está extendiendo por la iglesia. Esto no es bueno ni para los pastores ni para sus hijos. Hay ministerios e iglesias que son regidos por familias como si se tratara de su feudo particular.

Un líder muy reconocido en mí país falleció y su familia siguió a cargo de la iglesia, pero lo cierto es que el hijo no tenía el carisma del padre. Lo que produjo una dolorosa división, destruyendo casi por completo el ministerio del hijo y la iglesia que el padre con tanto esfuerzo había construido.

Por desgracia, la presión que hay en las iglesias sobre nuestros hijos es muy grande. Seamos sus aliados y no sus enemigos.

En las iglesias se habla francamente mal de los hijos de los pastores. Algunos dichos les denigran y juzgan de antemano.

Si la situación en casa es mala y los problemas crecen, nuestro deber es dejar el ministerio y centrarnos en nuestros hijos. Nada vale más que eso.

Los ejemplos de malos hijos de sacerdotes lo vemos desde el profeta Samuel, pasando por los hijos de Elí que ofrecieron fuego falso a Dios. No obliguemos o presionemos a nuestros hijos a que entren en el ministerio. Si realmente tienen la vocación o el don, será Dios mismo el que los llame para que le sirvan.

Cuidado con lo que hablas

Tengamos cuidado con qué conversaciones mantenemos delante de nuestros hijos. A veces arrojamos toda la basura, que por desgracia se mueve en las iglesias, sobre ellos. No nos extrañe que después tengan una visión negativa de la iglesia. Ellos no están preparados para entender qué está pasando y hay cosas que simplemente es mejor que no sepan hasta que tengan la madurez y edad adecuadas.

Mi hijo de cuatro años estaba muy enfadado en una ocasión porque quería jugar conmigo al fútbol, pero estábamos llevando una reunión de jóvenes de la iglesia. Cuando llegué a la habitación y le vi con el morro arrugado y el ceño fruncido le dije: «Hijo jugaremos en otra ocasión, la vida es muy larga». El me miró serio y me contestó: «La vida no es muy larga, lo que ha sido muy largo ha sido la reunión».

Tenemos que pasar tiempo de calidad con nuestros hijos y no romper nunca las vías de comunicación. Por eso es bueno que:

- **No juzguemos a nuestro hijo antes de tiempo.** Tenemos que darle la oportunidad para que se explique.
- **No exijamos a nuestro hijo más que al de cualquier creyente.** Él no es cristiano hasta que quiera dar el paso de fe.
- **No exhibamos a nuestro hijo.** Por ser hijo del pastor no tiene por qué hacer nada para la iglesia.
- **Agradezcamos a nuestro hijo su paciencia y amor.** No es fácil ser hijo de pastor. Muchas veces pasan penurias económicas o son ridiculizados por la profesión de sus padres.
- **Oremos constantemente por y con nuestros hijos.**
- **Enseñémosles la Palabra de Dios.**
- **Seamos un buen ejemplo como padres y esposos.**
- **Pasemos tiempo con nuestros hijos a solas.**
- **Involucremos a nuestros hijos en la vida pastoral,** aunque sabiendo cuándo es mejor que no estén con nosotros.
- **No hablemos de problemas de la iglesia o de sus miembros delante de ellos.**

No olvidemos que la única persona con la que compartimos el ministerio es con nuestra esposa o esposo. Ellos sí tienen que estar preparados para acompañarnos en la dura vida ministerial. Yo no entiendo a los pastores que dicen que ellos no hablan de cosas ministeriales con sus esposas. Creo que es muy importante hacerlo. Mi esposa sabe todo de mí y creo que yo sé todo de ella. De otra manera, esas cosas no contadas nos distanciarán. Ya he comentado que los comentarios de nuestras parejas suelen ser enriquecedores, ya que nos dan otro punto de vista. Si tu pareja es chismosa, maldiciente, negativa y está en contra de que estés en el ministerio, no es que no tengas que contarle ciertas cosas, es que no podrás ejercer mucho tiempo el ministerio.

CONCLUSIONES DEL CAPÍTULO

1. Nuestra familia es el mayor regalo que Dios nos ha dado. Debemos cuidarla, amarla y buscar su bien. Nunca la iglesia tiene que ponerse en el primer lugar de nuestra vida. El orden de Dios es: primero, nuestra relación con Dios; segundo, el deber de amar y guardar a nuestra familia; y tercero, cuidar la iglesia.

2. Las familias pastorales tienen problemas como las demás, pero deben procurar solucionarlos. Son modelos para el resto, por eso, si una situación tiene difícil solución, conviene dejar el pastorado o liderazgo por un tiempo. Si los problemas persisten, deberíamos plantearnos dejarlo para siempre.

3. Los líderes y pastores deben compartir el ministerio con su pareja. Ella es su ayuda idónea, también deben cuidar la relación por medio de la compresión, comunicación y pasando tiempo de calidad con su pareja. No es bueno que los líderes tengan relaciones estrechas con colaboradores del otro sexo. Normalmente terminan confundiendo amistad, compañerismo y relaciones sentimentales.

4. Debemos educar a nuestros hijos con amor, pero también disciplinarles. No presionarles más de lo que están por ser hijos de líderes. No intentemos colocarlos en cargos de la iglesia, a no ser que manifiesten una clara vocación. Siempre es mucho mejor que desarrollen sus ministerios en otras iglesias cuando son adultos.

5. Por último, Dios no aprueba que los líderes y pastores ejerzan su ministerio si están divorciados, a no ser que este se haya producido por una infidelidad u otros casos graves. No podemos ser modelos de los demás si nuestra vida no lo es. Eso no significa que los líderes y pastores no puedan ejercer otras tareas ministeriales o cargos menos expuestos a la luz pública.

Capítulo 7

UNA CONGREGACIÓN
LEJANA

A veces el fracaso señala que es tiempo de cambiar la dirección.

—JOHN MAXWELL[1]

El líder y su organización

Durante gran parte de este libro hemos hablado de cuál ha de ser la actitud del pastor o líder ante la iglesia y la familia, o cómo debe sobrellevar sus viajes y trabajo cotidiano, pero a veces las iglesias se convierten en lugares hostiles para ciertos líderes. No olvidemos que no hay nada peor para un pastor que una iglesia que no le respeta ni le considera y que parece ensimismada.

Un pastor joven tiene muy difícil manejar situaciones de gran estrés y una congregación abiertamente contraria; un pastor más avezado y experimentado normalmente se dará cuenta antes del problema y comenzará a barajar varias opciones.

Uno de los grandes problemas que viven las congregaciones actuales en casi todo el mundo, y en especial en occidente es que se han acostumbrado a exigir mucho y dar poco a sus líderes.

Charles Spurgeon lo definió muy bien cuando dijo:

¡Ay! Se ha hecho mucho últimamente para promover la producción de
cristianos empequeñecidos. Los creyentes pobres, enfermizos convierten a la iglesia en un hospital, en vez de un ejército. ¡Oh, Lo que
daría por tener una iglesia fortalecida por la profunda piedad de la
gente que conoce al Señor en su mismo corazón y que buscar seguir
al Cordero a donde él vaya![2]

En muchos casos, los miembros ya no buscan unirse a una congregación para madurar, crecer, aprender y desarrollar su ministerio. Únicamente se unen a una iglesia por su servicio de guardería, por lo
próxima que está a su casa o incluso por si esta iglesia no le exige mucho
y pueden pasar desapercibidos.

Recuerdo la discusión con un amigo que tenía muchos dones, era
joven y estaba casado con una mujer también con muchos dones y cualidades. Mi amigo dedicaba una buena parte de su vida al trabajo. Era un excelente trabajador, también buen padre y esposo, pero no quería hacer nada
en la iglesia. Cuando yo le reconvenía diciendo que debíamos usar nuestros
dones para el servicio a Dios, él me comentaba que no tenía tiempo ni estaba dispuesto a hacerlo. Al poco tiempo comenzó a reunirse en otra congregación en la que pasaba más inadvertida su anhelada inactividad.

En muchas de las iglesias donde he estado me he encontrado mucha
gente de este tipo, pero he de reconocer que en los últimos años ha
pasado de ser la excepción a convertirse en la norma. Las iglesias muy
grandes favorecen este tipo de comportamiento irresponsable e inma-
duro, pero esa no es excusa suficiente. Lo que importa es la actitud del
cristiano ante la iglesia y el evangelio.

Dame más y ahora

Otro de los problemas que se ven constantemente en las iglesias es que
hay una amplia feligresía que espera recibir, pero no está dispuesta dar.

No quieren dar de su tiempo, ya que vivimos en una sociedad estresada en la que aparentemente no hay tiempo para nada. Tampoco de su dinero; son tacaños para Dios a pesar de vivir cómodamente. Tampoco ofrecen sus dones y talentos en la iglesia. Podríamos llamarlos zánganos, pero para no ofender a nadie los llamaremos inactivos.

Cada vez aparece más en las iglesias evangélicas otro grupo de creyentes, llamados los «creyentes sin iglesia». Personas que no consideran necesario congregarse y que se quejan de las iglesias. Algunas veces con razón, al ser dañados en diferentes situaciones, pero sin duda actuando de una manera inadecuada y antibíblica.

Solo frente al enemigo

Muchos pastores se encuentran literalmente solos ante el enemigo. Son el capitán que comenzó la batalla con un ejército atrás que les respaldaba, gente que le jaleaba y decía que él fuera delante, pero al girarse se ha dado cuenta de que está completamente solo.

He visto pastores que tenían que hacer todo ellos, pero no porque fueran incapaces de delegar, simplemente porque nadie estaba dispuesto a sacrificarse. Siervos de Dios que tras atender a dos o tres personas en el día, predican, llevan la alabanza, pasan la ofrenda y limpian la iglesia. Personas que después son despreciadas por sus propios feligreses y son tratados como asalariados.

Muchos de estos pastores soportan una gran frustración y estrés. Se les exige mucho y se les da muy poco.

Las congregaciones consentidas son como niños groseros que piden y piden, exigen y patalean, pero no mueven ni un dedo por ellos mismos.

Una iglesia muy grande en mi país tuvo durante más de treinta años un pastor sacrificado que lo daba todo por la congregación, mientras esta lo único que hacía era exigir y quejarse. Cuando este pastor se jubiló, la iglesia buscó otro. El problema era que muy pocos estaban dispuestos a vivir sojuzgados por una congregación así.

El «**pastor felpudo**», el hombre o mujer que tiene que hacer todo, preocuparse por todo y desatender a su familia, para lograr llegar a todos sus compromisos, termina mal. Ya hemos hablado de la necesidad de distribuir la carga, pero además este sobresfuerzo no es el plan de Dios para la iglesia.

Ya sabemos que para Dios la iglesia es un cuerpo en el que cada miembro ejerce una función que no puede ejercer otro miembro.[3] Cuando uno solo lo hace todo, el cuerpo está enfermo, no crece y puede llegar a morir.

En muchas ocasiones he observado cómo los feligreses se sienten muy bien con sus líderes cuando estos atienden hasta sus más mínimos caprichos, pero cuando los pastores comienzan a dedicar tiempo a otros que lo necesitan más o simplemente les empujan a madurar, estos creyentes se marchan o parecen molestos por la actitud del líder.

Quién cuida al cuidador

Aún es más triste la actitud que tiene la mayoría de las congregaciones ante sus pastores. He visto a pastores pasar hambre porque sus congregaciones estaban simplemente mirando para otro lado. Sin embargo, cuando el pastor les planteaba que buscaría un trabajo para poder sostener a su familia, la congregación le decía que eso era inaceptable.

También he observado cómo hombres y mujeres lo dan todo por sus iglesias, pero si caen enfermos, si tienen que dedicar más tiempo a su familia o si están experimentando una etapa de desánimo, sus congregaciones simplemente les dan la espalda.

La Biblia nos dice claramente que debemos cuidar a nuestros pastores. El apóstol Pablo se lo recuerda a los tesalonicenses con estas palabras: «Os rogamos, hermanos, que reconozcáis a los que trabajan entre vosotros, y os presiden en el Señor, y os amonestan; y que los tengáis en mucha estima y amor por causa de su obra. Tened paz entre vosotros» (1 Co 12.12–13).

La congregación debe reconocer el trabajo de los líderes y sus cuidados. Además debe tener a sus pastores en mucha estima y amor, pero en ocasiones es todo lo contrario.

El ministerio lo da Dios, los pastores reciben de él su llamado, pero los dones los reconoce la iglesia. Si no le están reconociendo su autoridad de parte de Dios es mejor que busque otro lugar en el que servirle.

Recuerdo que siendo joven llegó a mi iglesia un nuevo copastor. El misionero que en ese momento llevaba la congregación necesitaba colaboradores y eligió a dos personas cercanas a él. Yo siempre me he caracterizado por la sinceridad, aunque con el tiempo he comprendido que a veces es mejor callar. Aquel hombre se me acercó un día, pensando que yo estaba molesto con su elección, aunque realmente no era así, y me dijo: «Yo soy ahora el copastor, porque lo decidió el pastor y soy ministro ordenado de la denominación». Yo le miré y le contesté: «Tú eres pastor porque Dios te ha llamado y la congregación te ha reconocido, pero el día que la congregación no quiera reconocerte dejarás de serlo».

Aquel joven copastor pasó dificultades económicas y mis padres, que tampoco habían estado de acuerdo en su elección, fueron algunas de las personas que más le ayudaron. El amor y el reconocimiento son un mandamiento de Dios.

Hace poco tiempo vi a los que habían sido mis pastores en mi adolescencia. Llevaba más de treinta años sin encontrarme con ellos, pero me hizo una ilusión enorme verles bien de salud y recordar viejos tiempos. Ellos no fueron perfectos, yo tampoco lo soy, pero estuvieron más de veinte años sirviendo a Dios en mi país. ¿Cómo no agradecérselo?

Todas las personas bajo las que he estado sometido han dejado una huella en mí. De algunos aprendí cómo hacer mejor las cosas y de otros cómo no hacerlas, pero yo no soy el juez de los pastores, Cristo lo es. Los amo y no les guardo rencor, aunque algunos de ellos hicieran cosas que no me agradaron o actuaran de manera inadecuada.

Mi héroe

El problema de que tu congregación te considere un superhéroe es que algún día tus superpoderes fallarán y la congregación creerá que la has engañado. Tenemos que tener cuidado de no estar ocupando el lugar que únicamente corresponde a Dios.

Algunos líderes no hacen seguidores de Cristo, simplemente convierten a la gente a ellos mismos. Jesús les llamó «ciegos guías de ciegos»[4] y al final ambos caerán en el hoyo. Dice la Biblia que algunos están dispuestos a recorrer el mundo, pero luego convierten a las personas en acólitos y no en hijos de Dios.[5]

Ya hemos comentado que un buen modelo no es la persona perfecta (el único perfecto es Dios), sino personas imperfectas que intentan agradar a Dios con su vida.

Una de las cosas más sorprendentes que he visto es un colaborador de un pastor que estaba pasando un tiempo fuera de la iglesia por unos asuntos personales y que, a pesar de que el pastor hacía y decía cosas inapropiadas, debido a su estado de ánimo y a la difícil situación que atravesaba, aquel colaborador no veía ningún fallo ni defecto en él.

A veces podemos alejarnos de la congregación nosotros, aislarnos para dar la percepción de ser una persona perfecta. No mostrar nuestras debilidades y sentimientos, creyendo que los líderes no deben nunca exponerse delante de la congregación. Jesús lloró delante de la multitud al ver la tumba de su amigo Lázaro. Se mostró impotente ante Jerusalén, que no quería doblegarse ante Dios, y lanzó sobre ella su lamento. Jesús se sintió conmovido, enfadado y angustiado, cuando tenía que entregar su vida por nosotros. Si Jesús era perfecto y nos mostró sus sentimientos, ¿cómo vamos a mostrarnos nosotros impasibles?

¡Ten cuidado! Los que te suben a los altares te bajarán de ellos y después te apedrearán.

Recuerdo cuando uno de mis pastores, muy querido, dejó la iglesia para abrir otra nueva. Algunas de las personas que más cerca habían estado de él, que le halagaban constantemente, apenas le echaron de menos y comenzaron a decir y hacer lo mismo con el nuevo pastor. Se dice vulgarmente: «A rey muerto, rey puesto».

Salomón describe la condición del hombre ante el poder, con palabras aplicables también al servicio en la iglesia:

> Mejor es el muchacho pobre y sabio, que el rey viejo y necio que no admite consejos; porque de la cárcel salió para reinar, aunque en su reino nació pobre. Vi a todos los que viven debajo del sol caminando con el muchacho sucesor, que estará en lugar de aquél. No tenía fin la muchedumbre del pueblo que le seguía; sin embargo, los que vengan después tampoco estarán contentos de él. Y esto es también vanidad y aflicción de espíritu. (Eclesiastés 4.13–16)

No hagas nada para tu propia gloria. Además de ser pecado, es tan efímera que no merece la pena ni pensarlo.

A pesar de que los hombres y mujeres de Dios no personalicen su ministerio ni se presenten como superhéroes, habrá gente que los trate de esa forma. Recuerdo que cuando siendo niño falleció el pastor de mi iglesia en un accidente, varias decenas de personas dejaron la iglesia porque seguían a la persona y no a Dios. Eso no lo podrás cambiar aunque quieras.

¿Cómo pastorear gente difícil?

Nadie nos prometió cuando decidimos atender el llamado de Dios que las personas a las que íbamos a servir eran maravillosas. Realmente, si somos un poco realistas, nos damos cuenta enseguida de que la mayoría de la gente es poco agradecida, tendente a juzgar y a exigir.

Un pastor tuvo que colaborar en una iglesia durante un tiempo, para él no era fácil. Aquella congregación estaba en las antípodas de lo que él pensaba que debía ser la iglesia de Dios. No compartía ni las formas ni el fondo de la congregación. Su desesperación llegó hasta el punto de querer abandonar la iglesia. Cuando recorría los últimos metros antes de llegar a la puerta, deseaba con todas sus fuerzas darse la vuelta y regresar a casa.

Moisés sufrió un ministerio tortuoso en ese sentido. El pueblo de Israel nunca fue dócil. Vemos en el Antiguo Testamento que se quejaban por todo, varias veces cuestionaron su liderazgo, querían regresar a la tierra de la que Dios los había liberado. Además, por su falta de fe, tuvieron que vagar por el desierto cuarenta años. Moisés no llegó a ver la tierra prometida debido a la ira que le provocó el pueblo, pero cuando Dios le dijo que destruiría a Israel y le daría otro pueblo,[6] Moisés no pudo más que defenderlos y decir a Dios:

> Pero tú sacaste con poder a este pueblo de entre los egipcios, quienes se enterarán de lo que suceda, y se lo contarán a los habitantes de esta tierra. Ellos han oído hablar de ti, SEÑOR, y saben que estás con este pueblo y que tú, SEÑOR, te apareces a simple vista. Saben que tu nube se coloca sobre ellos, y que vas en frente de ellos en tu columna de nube en el día, y en tu columna de fuego en la noche. Si tú acabas con este pueblo de un solo golpe, entonces las naciones que han oído de ti, dirán: «El SEÑOR no fue capaz de llevar a esta gente a la tierra que les prometió, así que decidió matarlos en el desierto». Así que ahora, muestra SEÑOR tu gran poder como has prometido».
> (Nm 14.13–17, PDT)

Por amor, me voy

A veces tenemos que irnos de un sitio por amor. Parece una contradicción, pero si tu iglesia está dañada o dividida, a veces es mejor presentar la renuncia. Puede que la gente no te entienda, pero a paz nos llamó Dios, aunque algunos prefieran dividir a las iglesias y llevar ellos la razón. Hablo, naturalmente, de decisiones que tengan que ver más con personas y formas que con cuestiones morales o doctrinales.

He visto a hermanos carnales que, enfrentados por un asunto de iglesia, han dejado de hablarse. Es algo que me cuesta comprender, ya he comentado lo que pienso de la familia, pero a veces se dan estas cosas. Vemos en la Biblia cómo Esaú y Jacob estuvieron enfrentados, también le pasó a David con Absalón.

En nuestra vida, a veces tenemos que renunciar a todo y empezar de nuevo y, mientras renunciamos, nos damos cuenta de que no era nuestro. La iglesia pertenece a Dios. Nosotros somos simples colaboradores a los que él permite trabajar durante un tiempo en su casa. Podemos considerarnos los más afortunados de los hombres por servir a un Dios tan grande, que nos devolverá con creces cualquier cosa que hayamos dejado por amor a su iglesia y su servicio.

¿Cómo podemos soportar el acoso de una congregación insensible?

Las recetas generales no son las más adecuadas. Cuando una congregación entra en conflicto con un pastor, ya sea por medio de la pasividad o de oposición directa, las soluciones pueden ser muy complejas.

Normalmente, las congregaciones no se activan solas. Hay detonantes, hechos y acciones que provocan la situación. Además, siempre hay cabecillas que comienzan los problemas en las iglesias.

En algunas ocasiones, las iglesias tienen razón en sus quejas y el pastor está actuando despóticamente. Tenemos que estar atentos a esto también.

En la iglesia en la que me crie tuvimos un serio problema con un pastor. Este hombre al parecer no tenía mucha experiencia y además era una persona muy estricta e intolerante. Intentó desde el primer momento imponer unas reglas rígidas, centralizó el poder de la iglesia y fue eliminando todos los ministerios y personas que podían hacerle sombra. Después comenzó a usar el dinero de la iglesia indiscriminadamente, lo que provocó un fuerte conflicto. Tras un largo y dañino proceso, la iglesia se dividió.

Una de las cosas que aprendí en aquel momento fue que en muchas ocasiones los pastores actuamos corporativamente, como si fuéramos un gremio más y nos ponemos siempre del lado del pastor. La denominación, en este caso, tomó esa actitud, porque además se mezclaban otros problemas de fondo entre misioneros y pastores nacionales. Eso llevó a que la parte saliente se quedara sin iglesia ni pastor, pero Dios, que siempre es rico en misericordia, hizo que un hombre valiente decidiera pastorear a la iglesia aun a expensas de que la denominación le expulsara.

Cuando los problemas surgen en la iglesia debemos identificar su origen. Tenemos que evaluar si hay una verdadera base para que haya gente de la congregación molesta y quién es la persona que está moviendo el conato de rebelión.

Para ello tendremos que:

- **Analizar el origen del problema.** Ese origen puede estar en una situación personal o en toda una parte de la iglesia que se siente incómoda por algo. Hay personas que plantean un problema en la iglesia porque no se han sentido satisfechas ante la respuesta de un líder. Ejemplos hay muchos: no casó el pastor a mi hija o hijo, porque su vida no estaba en orden; el líder quitó a alguien de algún cargo; han surgido murmuraciones acerca de la vida del pastor, etc.

- **Identificar el foco principal.** Qué persona o personas comenzaron el problema e intentar hablar con ellas y solucionarlo. En el caso de que el pastor vea que se trata de un simple chantaje por el que quieren que él ceda, debe reunir a sus colaboradores y poner en disciplina a esas personas, anunciándolo al resto de la congregación.

- **El pastor debe controlar la información.** Debe ser claro, conciso, no actuar con ira ni enfado. Debe mostrar los frutos del Espíritu Santo y restaurar a las personas después de la disciplina.

- **En el caso de la murmuración también debe llegar al origen y, si hay razones para la murmuración en su vida,** cambiar su conducta, no persistir en el error.

- En el caso que el **problema sea entre dos líderes**, ya hablaremos de ello en el capítulo sobre colaboradores del pastor.

En todos estos años he visto muchos conflictos entre los pastores y sus congregaciones. También entre dos partes de la congregación. Siempre es mejor atajarlo cuanto antes, no pensar que las cosas se solucionarán por sí mismas.

Recuerdo un caso en una de las iglesias que ministraba como copastor. Desde hacía tiempo notábamos un comportamiento extraño en algunos miembros. Además, en los cultos no fluía tampoco el Espíritu Santo, pero no sabíamos lo que pasaba. Poco a poco nos dimos cuenta de que la reunión de oración parecía haberse convertido en un lugar de murmuración. El pastor no parecía creerlo al principio, pero le convencí para que asistiera a las reuniones. Una semana después, el grupo se reunía otro día de la semana, como si la presencia del pastor les incomodara. Unos días más tarde algunos miembros del grupo confesaron que las reuniones se habían convertido en un nido de murmuración. Confrontamos a las personas, las pusimos en disciplina, pero algunas optaron por irse. Curiosamente una de las personas que más criticaba y que había comenzado a contaminar a todo el grupo era una mujer que siempre estaba halagándome y mostrándome un gran cariño.

Imposición

En muchos casos por inexperiencia y en otros por las dificultades que surgen con una congregación conflictiva, muchos pastores intentan imponer sus posiciones. Sin duda, los líderes tienen una serie de prerrogativas y delegaciones de parte de la asamblea de la iglesia o de los miembros.

Los pastores autoritarios a veces son el resultado de un proceso de quemazón, en el que se han visto cuestionados y criticados por sus congregaciones. Cuando la iglesia y el líder llegan a este punto es difícil que se vuelva atrás. La escalada de imposiciones y la actitud pasiva de la congregación se incrementará notablemente.

Recuerdo las imposiciones del misionero que llegó a mi iglesia cuando yo era joven. En cierto sentido no distinguía las enseñanzas bíblicas de sus propias influencias culturales y el choque fue bestial. ¿Por qué se produjo este choque? En primer lugar porque la actitud de los anteriores misioneros había sido aceptar algunos parámetros culturales distintos a los suyos. Además, los anteriores pastores habían preferido que los cambios de los nuevos creyentes fueren paulatinos, considerando que quizá se necesitara una generación entera para que el evangelio calara realmente. En mi iglesia había un buen número de personas que no había roto con el catolicismo y practicaban ambas religiones, pero sus hijos comenzaban a aceptar el mensaje del evangelio. Pero el nuevo pastor impuso su calendario a la gente.

El misionero dio el primer paso para hacerse con el control de la iglesia y recibir ciertos apoyos de la congregación. Este fue el cambio del liderazgo, buscando gente afín a sus ideas. El resultado fue que el comité de la iglesia era monocolor y encima todos los miembros que se había elegido de ese comité eran de origen extranjero. Los pequeños roces del principio se convirtieron en una situación insostenible que terminó con la división de la iglesia.

Normalmente, estos choques se producen por cuestiones personales o pequeños cambios que molestan a la congregación. No estamos hablando de problemas doctrinales, pecados o simples luchas dentro del liderazgo. Por desgracia, la mayoría de las iglesias se dividen por formas externas, expresiones en el culto o en la manera de administrar la iglesia.

El segundo paso de un pastor que ha entrado en ese círculo vicioso de autoritarismo es controlar las finanzas, ya que ellas son la clave para la gobernanza de la iglesia.

El tercer paso es controlar o modificar los estatutos de la iglesia, para tener también una base legal. Recuerdo que en el caso que les he explicado estuvimos meses redactando estatutos para la iglesia. Cuando el misionero tuvo que ceder ante su denominación, el daño ya estaba hecho, pero estuvimos peleando por cada punto, ya no había armonía ni deseos de trabajar juntos, únicamente queríamos tenerlos bajo control a él o a otro pastor que viniera después de él.

La Palabra de Dios nos enseña que tenemos que pastorear la grey «cuidando de ella, no por fuerza, sino voluntariamente; no por ganancia deshonesta, sino con ánimo pronto; no como teniendo señorío sobre los que están a vuestro cuidado, sino siendo ejemplos de la grey» (1 P 5.2–3).

Dos cosas dificultan mucho el liderazgo de la congregación:

- **La primera es la voluntariedad**. Los miembros hacen las cosas de manera voluntaria, no se les puede obligar o presionar, no tienen un sueldo que ganar o perder, sus acciones y trabajos han de producirse en un ambiente de apoyo, ánimo y desarrollo de los dones.

- **La segunda cosa que dificulta el liderazgo de las iglesias con respecto a cualquier otra organización humana es que los pastores y líderes tienen un modelo distinto.** El modelo cristiano de liderazgo es el de servicio. Somos en primer lugar servidores de Dios y después servidores del resto de nuestros hermanos. Los cargos o títulos no pueden utilizarse para apabullar o reclamar poder o señorío sobre la iglesia, únicamente tenemos que confiar en Dios y servir a la iglesia con amor.

Guerra fratricida

No hay nada más triste que una iglesia enfrentada. Recuerdo la tarde que abandonamos la iglesia en la que nos habíamos criado y convertido. Fue uno de los días más tristes de mi vida. Mis padres habían hecho mucho por la gente y el local de la iglesia, pero no escuché en ellos la más mínima queja o reproche, simplemente se marcharon sin más. Para mí fueron un ejemplo de amor a Dios y los hermanos.

El pastor que nos ayudó durante aquella etapa tuvo la sabiduría para buscar la restauración con el grupo que se quedaba. Pocos años después, la relación era estrecha. Las últimas heridas habían sido sanadas.

Como decíamos, los principales roces con el liderazgo son por cuestiones muy pequeñas. Algunas de las principales son:

- **La forma del culto.** Algunos pastores cambian la forma de culto de las congregaciones. Puede que sea una buena idea, pero siempre es mejor consensuarla y llegar a acuerdos. La gente se mueve por costumbres y tradiciones, por eso cuestan mucho los cambios de este tipo.

- **Los principales colaboradores.** Es normal que el líder busque un equipo acorde con su visión, pero no es buena idea llegar a una iglesia y cambiar a todo el equipo de liderazgo, como si todo lo anterior no valiese para nada.

- **Actitud prepotente y orgullosa.** A veces los pastores y líderes no nos damos cuenta de que nuestra actitud está provocando una reacción contraria. La humildad, la mansedumbre y la templanza deben presidir todas nuestras acciones.

- **Cambios en el local de la iglesia.** En muchas ocasiones las congregaciones que buscan nuevo pastor son bastante antiguas y sus locales necesitan remodelaciones, pero a la gente le cuesta ver los cambios. La opinión de la congregación es importante antes de realizar dichas modificaciones.

- **La administración del dinero.** Los pastores y líderes no deben nunca llevar directamente las cuentas de la iglesia. No hay un tema más susceptible que el dinero. Algunos miembros de la congregación verán en el pastor el deseo de controlar la economía de la iglesia.

La visión

Son tantas las trabas y problemas a la hora de dirigir una congregación que podríamos preguntarnos: ¿cómo implementar o introducir la visión del pastor en la iglesia?

Hay dos cosas que son muy contagiosas: la ilusión y la frustración. Nunca debemos permitir que la frustración, el desánimo y la apatía invadan la congregación. Para ello debemos mantener la ilusión de la gente.

Para mantener la ilusión debemos guardar un equilibrio entre lo viejo y lo nuevo, pero sobre todo debemos mostrar a los miembros que los cambios que estamos produciendo y la visión llevarán a la iglesia a un nivel mayor de espiritualidad y crecimiento.

Recuerdo una grata conversación con un líder que admiro mucho y que pastorea la iglesia más numerosa de mi país. Hacía un año o poco más, la iglesia había comprado un nuevo local, ya que llevaban años haciendo cuatro cultos en el anterior y no querían que la incomodidad del espacio frenara el crecimiento de la iglesia.

El nuevo lugar era muy grande pero incómodo, una nave diáfana, poco adornada y demasiado grande para la gente que se congregaba. Le pregunté al pastor por qué no reducía los cultos del otro local, de esa manera obligaría a parte de la congregación a venir al nuevo. Recuerdo perfectamente las palabras con las que me contestó: «No quiero obligar a nadie. La gente vendrá cuando esté preparada». Ese es el pensamiento de un gran líder. Todo tiene su tiempo y la transmisión de la visión nunca es fácil, pero el amor, la paciencia y la constancia siempre terminan por triunfar.

La visión es una forma nueva de entender el mundo, la iglesia y a Dios. Por eso, influir e inspirar a las personas para que ellas alcancen una visión es mucho mejor que obligarlas a aceptarla.

El límite de un pastor

El otro día veía una película de superhéroes con mi hijo. Eso me hizo recordar lo que ya hemos dicho, que, aunque en cierto sentido nos gustaría, los líderes no somos superhéroes. Tenemos debilidades, atravesamos fases difíciles en nuestra vida y hay momentos en los que necesitamos reducir el ritmo.

En los últimos años he visto a muchos pastores quemados, agotados, exhaustos y que empleaban las pocas fuerzas que les quedaban en soportar el ministerio. En muchos casos, la razón es el sobreesfuerzo y la frustración de ver que sus iglesias se estancan.

Un pastor no puede atender personalmente a un número mayor de cincuenta personas. A veces, dedicando mucho esfuerzo y tiempo, puede llegar a setenta u ochenta. Todo lo que exceda de esa cantidad sale de su control. ¿Qué sucede cuando las iglesias llegan a este número? Simplemente se dividen o parte de esos creyentes se van a otras congregaciones. Por eso el pastor siempre tiene que estar atento a la búsqueda de colaboradores. Los colaboradores son muy importantes y de ellos hablaremos en el próximo capítulo, pero, sin duda, el poder delegar no solo ciertas áreas de la iglesia, sino también el pastorado en otros, hará que el pastor pueda centrarse también en las áreas de crecimiento y enfoque de la iglesia.

Se han creado diferentes métodos de organización y estructuras para iglesias grandes y megaiglesias. Aunque ya hemos comentado que las congregaciones no deben convertirse en franquiciado de nadie, sin duda se pueden aprovechar muchas de las ideas que se están aplicando en otras iglesias, adaptándolas al contexto e idiosincrasia de la propia.

Uno de esos sistemas es «red de vida», la visión que se ha aplicado en la iglesia que hemos comentado en el anterior ejemplo. Con la idea central de que «nadie se pierda y todos sean pastoreados», la congregación se vuelca al crecimiento, pero también a la consolidación, capacitación e incorporación de sus miembros al ministerio.

Un pastor siempre es celoso de su grey, teme que alguien pueda dañarla, pero a veces olvida que el mayor daño que puede producir es la desatención, por no saber delegar a tiempo y crear una estructura por la que todos crezcan, maduren y desarrollen sus dones.

Cuando los pastores no tomamos en consideración esta advertencia, comenzamos a realizar pastorado de emergencia. Únicamente atendiendo los casos más graves, nos olvidamos de la prevención y nos centramos en los miembros más demandantes o conflictivos, quedando los más equilibrados o menos demandantes totalmente desatendidos. Al final el pastor tiene la sensación de que está apagando fuegos, pero sus congregaciones no terminan de madurar o crecer.

Soy humano

A pesar de que es muy difícil encontrar personas de confianza en las congregaciones y lo suficiente madura para que nos apoyen y se conviertan en nuestros «compañeros de milicia», tenemos que intentar buscar ese tipo de apoyo. Los pastores y líderes que cuentan con gente a ese nivel de confianza, normalmente tienen pastorados más sosegados y pueden buscar momentos para reforzar a su familia o seguir formándose.

No puedo olvidar la anécdota de un pastor que venía de una convención y no llegaba al culto dominical. Había salido a primera hora de la mañana para llegar, pero estaba muy lejos del local. La alabanza se acababa y el pastor no llegaba. La gente comenzaba a extrañarse y los líderes de alabanza intentaban alargar el tiempo, para que el pastor pudiera predicar. Recuerdo que llamamos al pastor; dos o tres personas con ministerio y dones de predicación se ofrecieron para continuar el culto, pero el pastor dijo que no, que la gente esperara. Este comportamiento demuestra que a veces no ponemos nuestro orden de prioridades de manera correcta. No podemos hacer todo, es mejor delegar. No quiero ni imaginar a cuánta velocidad iba aquel hombre por la carretera para hacer algo que varios miembros de la congregación podían realizar sin problemas.

Lo mismo digo de los pastores que presiden, predican, dan los anuncios, oran por la gente, reparten la Santa Cena y oran por la ofrenda. No se dan cuenta de que además de agotarse ellos, de quemar su imagen pública constantemente expuesta, están ocupando el lugar de otros miembros que tienen que desarrollar sus dones, crecer y madurar.

En algunas ocasiones he visto a pastores predicando durante meses sin parar, aunque otros podían ayudarles en el ministerio. Cuando le preguntabas por qué hacía eso, la respuesta era que la gente, según él, quería que hablara el pastor.

Todos estos comportamientos al final pasan factura. Depresión, estrés, ansiedad, problemas familiares, iglesias divididas, hijos resentidos. Cosas que podrían evitarse si aplicamos el principio bíblico de que la iglesia es un cuerpo, en el que cada miembro ocupa una función y desarrolla sus dones.

A veces no nos damos cuenta, pero nos aislamos de la congregación. En ocasiones es por nuestra actitud, otras veces por la incomprensión de los miembros, pero en la mayoría de los casos porque hacemos cosas que no nos corresponden. No olvidemos que la iglesia es de Dios y no nuestra. Nosotros somos simples siervos suyos.

CONCLUSIONES DEL CAPÍTULO

1. No es sencillo que los pastores encontremos dentro de las congregaciones personas que se pongan en nuestro lugar y se preocupen por nosotros. En muchos de los casos la gente es demandante y exigente, pero no se da cuenta de que sus pastores necesitan ser cuidados, para que hagan las cosas con agrado y por amor, no por obligación o presión.

2. Las congregaciones difíciles muchas veces minan la salud y a la familia de un pastor. En algunas iglesias hay una verdadera fobia a la autoridad y es muy difícil cambiar las cosas. A pesar de todo, este tipo de iglesia tiene una salida. El Espíritu Santo puede cambiar los corazones, pero es importante que no nos comportemos de manera arrogante con este tipo de congregaciones.

3. La mayor parte de conflictos de las comunidades con sus pastores se producen por pequeña cosas. La gente es costumbrista y le cuesta ver el local diferente, que se cambie la forma del culto o la manera de organizarse. Esos casos a veces son secundarios, por eso es mejor tener

paciencia, ser constantes y darnos cuenta de que algunos cambios son muy lentos y pueden llevar varias generaciones.

4. El pastor debe actuar rápidamente ante la murmuración y la división. La mayoría de las veces estos comportamientos son el resultado de un malentendido o un incidente desafortunado.

5. Los pastores no somos superhéroes, es mejor que aprendamos a delegar y a confiar en las personas. Nuestras capacidades son limitadas, nuestras fuerzas también. La visión se transmite con pasión e ilusión, no con imposición. No olvidemos que el liderazgo cristiano es servicio y que los hermanos siempre harán las cosas de manera voluntaria, nunca impositiva.

Capítulo 8

COMPAÑEROS TRAICIONEROS

Ya no os llamaré siervos, porque el siervo no sabe lo que hace su señor; pero os he llamado amigos, porque todas las cosas que oí de mi Padre, os las he dado a conocer.

—Juan 15.15

El líder y sus colaboradores

La frase «No es bueno que el hombre esté solo» (Gn 2.18) define plenamente la necesidad del hombre de rodearse de otros. Somos seres sociales, necesitamos compartir y darnos a los demás. Está claro que esta frase se pronunció en relación con la necesidad que tenía el hombre de una compañera. Por eso ya hemos hablado en capítulos anteriores sobre la importancia del cónyuge del o la líder. De esto sacamos la primera conclusión, la primera colaboradora y de más confianza de un líder es su esposa.

Todo sabemos cuán grandes tándems han hecho a lo largo de la historia las parejas unidas con un propósito. El ministerio es un trabajo muy duro y solitario, por eso debemos buscar a esa persona que nos complete.

Naturalmente, también hay colegas, amigos y colaboradores que Dios va poniendo a lo largo de nuestro ministerio. Yo he tenido el gran privilegio de colaborar con algún amigo de la infancia que participó en el liderazgo a la vez que yo; también puedo presumir de que Dios me ha dado grandes amigos y compañeros del ministerio, aunque eso no signifique que siempre haya sido fácil.

Escoger la tripulación

El primer problema que se nos plantea a la hora de formar equipo es que es difícil tener el discernimiento para descubrir los dones y talentos en las personas. A veces confundimos los talentos personales, la formación y la capacidad de las personas con los dones espirituales, pero no son lo mismo.

A lo largo de todos estos años de ministerio he visto como muchas personas altamente cualificadas eran totalmente inútiles en cuanto al ministerio. A lo mejor poseían ciertas dotes de liderazgo, sabían expresarse y hablar en público, pero carecían de un mínimo de madurez personal y espiritual o simplemente ponían otras cosas en primer lugar.

¿Cuáles han de ser las cualidades de un líder de la iglesia?

En Hechos de los Apóstoles, Dios nos da un modelo de líder tanto en la elección del sustituto de Judas como en la votación para nombrar diáconos.

Es curioso que los discípulos eligieran a un nuevo miembro de su grupo en cuanto Jesús ascendió a los cielos, como si pensaran que se necesitaba un cupo mínimo o que el hecho de ser doce era importante. Sin duda el número doce encierra mucho simbolismo, pero de algún modo pensaban que era necesario restituir lo que el diablo había destruido en la unidad apostólica de los doce.

Cuando Jesús elige a los doce discípulos, la Biblia no nos dice qué cualidades vio en ellos ni cuáles fueron las razones para su elección. En el Evangelio de Marcos simplemente comenta que Jesús llamó a los que él quiso.[1] Aunque en Lucas nos da una pista importante al comentar que Jesús pasó la noche anterior a la elección de sus discípulos orando.[2] La oración fue el medidor de la voluntad de Dios que siempre usó Jesús.

Curiosamente la elección de los doce no fue precipitada. Jesús los conocía de antemano y ya había observado sus comportamientos. Algunos miembros del grupo pertenecían a los seguidores de Juan el Bautista, como era el caso de Andrés y Simón, y el de Felipe. La mayoría de los componentes del grupo eran galileos, como Jesús, pero también estaba Mateo, que era un publicano, Simón el Zelote y Judas Iscariote, que no eran de esa región. El grupo tenía gran diversidad social, aunque la mayoría de los componentes eran de la misma zona y clase que Jesús.

Es curioso que Jesús hiciera esta selección tan particular. Incluyendo a un recaudador de impuestos, al que se le podía considerar prorromano; un zelote, que era el partido que luchaba contra los romanos; y la figura de Judas, que terminaría por traicionarle.

Por eso vemos que Jesús, además de orar y elegir por su propia voluntad, **buscó colaboradores afines cultural y socialmente**. Esto a veces no se toma en cuenta, pero es muy importante. Un líder con un nivel cultural o intelectual muy superior a sus colaboradores terminará por dominarlos intelectualmente aunque no lo pretenda. Un líder con menos carisma y formación que sus colaboradores terminará por ser sustituido por estos.

Desde el mismo patrón, con rasgos diferentes

Es curioso que Dios utilice los patrones sociales y culturales además de los espirituales. Durante una etapa de mi ministerio, colaboré con un pastor y un copastor que además de ser amigos míos y hermanos muy queridos reunían esos requisitos. Tenían el mismo origen social, parecida formación y mismo contexto denominacional. Durante años funcionamos a la perfección. Nunca hubo celos ni envidias entre nosotros, nos cedíamos los puestos y los actos, prefiriendo que lo hiciera el otro y, a pesar de ser diferentes en carácter, siempre llegábamos a acuerdos y nos tomábamos en cuenta. Sin embargo, cometimos un fallo, que veremos a continuación: no estar atentos a los tiempos de Dios ni buscar una salida al liderazgo emergente de dos de nosotros.

En el libro de Hechos tenemos otro de los ejemplos sobre la elección de líderes. Los discípulos, tras la ascensión, buscan un sustituto para Judas. Nos dice la Palabra de Dios **que lo primero que hicieron fue orar**. En eso imitaron a la perfección a su maestro.[3]

La segunda cosa que me llama la atención de la elección es que la decisión no la tomaron los once solos, sino que contaron con el apoyo de otros hermanos y hermanas maduros.

El primer requisito que Pedro va a poner para la elección del discípulo es que **sea uno de los que ha estado desde el principio con ellos.** Una persona que ya ha probado su valía y a la que conocen.[4] Pedro propuso **dos candidatos igual de legítimos,** el uno o el otro valdrían para el mismo ministerio. Nos dice la Biblia que después oraron y pidieron a Dios que él que conocía el corazón tuviera la última palabra, y al final la elección recayó sobre Matías.

Es curioso que Pedro y el resto dieran importancia a la **experiencia, la madurez y que fuera testigo de todo el ministerio de Jesús**.

En el caso de la **elección de diáconos** también se tomaron en cuenta **factores sociales, espirituales y prácticos.**

A medida que la iglesia crecía, ni los apóstoles, a pesar de ser doce, ni otros hermanos y hermanas maduros daban abasto con el trabajo. Por otro lado, los apóstoles fueron conscientes de que el trabajo en la iglesia, además de espiritual, era también social. Por ello crearon la figura del diaconado, para solventar los problemas administrativos y prácticos del ministerio.

Los diáconos

A lo largo de la historia el diaconado ha ido cambiando, aunque su propósito primero fue el de suplir las necesidades materiales de las congregaciones.

Los discípulos pusieron un modelo a la hora de elegir a los miembros de este colegio de diáconos.

El grupo de diáconos se creó para resolver dos conflictos: la **desviación del trabajo espiritual de los apóstoles**, que tenían que servir las mesas y además, el hecho de que **se estaba discriminando a una de las dos partes que componían el grueso de la iglesia.**

Los griegos criticaron a los hebreos que estaban desatendiendo a sus viudas con respecto a las hebreas. Es curioso que una vez más los discípulos cuentan con la opinión de la congregación. Hay confianza entre la congregación y sus líderes. Las instrucciones de los doce son: «Buscad, pues, hermanos, de entre vosotros a siete varones de buen testimonio, llenos del Espíritu Santo y de sabiduría, a quienes encarguemos de este trabajo» (Hch 6.3).

Los **apóstoles dan la pauta para la elección, pero el pueblo elige a sus líderes.** ¿Por qué? Porque siempre hay líderes naturales entre la congregación, personas a quienes los demás ven incluso antes que los propios líderes, pues andan ocupados en otras cosas.

Las pautas fueron, como ya hemos leído, la llenura del Espíritu Santo, sabiduría y buen testimonio.

Los pilares básicos del liderazgo

Los tres pilares básicos del liderazgo son siempre los mismos. Nuestros candidatos deben cumplir al menos con estos requisitos.

1. **El primero es el buen testimonio.** El apóstol Pablo lo repetirá en sus recomendaciones a Timoteo. No es suficiente con sus capacidades, debe ser un ejemplo de vida. ¿Por qué es necesario esto? Porque un líder cristiano siempre es un modelo para la congregación. Su santidad y los frutos del Espíritu en su vida, son más importantes que cualquier otra cosa.

2. **En segundo lugar se pedía la llenura del Espíritu Santo.** El liderazgo siempre ha de estar acompañado de la obra del

Espíritu. En vano trabajamos y en vano hacemos, si no es Dios mismo el que está a nuestro lado. Los apóstoles habían visto el poder del Espíritu Santo y sabían de la necesidad de su capacitación para poder realizar el ministerio.

3.   **En tercer lugar, la importancia de la sabiduría.** La sabiduría es mucho más que conocimiento, es sobre todo actuar con inteligencia y prudencia a la hora de tomar decisiones. Es ser reflexivos y ponernos en todas las situaciones posibles, no tender al favoritismo y juzgar las cosas en profundidad.

Sin embargo, hay un último requisito que descubrimos en los nombres de los diáconos elegidos. La mitad aproximadamente eran judíos y la otra mitad griegos. De esa manera, todos los hermanos se veían representados.

A veces no seguimos estos juiciosos consejos de la Palabra de Dios y los problemas comienzan a surgir en el liderazgo. En muchas iglesias he observado que, a pesar de tener un componente extranjero importante, no se busca a líderes de esos países, manteniéndose todo el liderazgo nacional. Eso provoca al final divisiones y la creación de iglesias étnicas o nacionales.

Los apóstoles ratificaron a los candidatos, después oraron por ellos y comenzaron su cometido.[5]

Los diáconos destacaron por su valentía y capacidad de liderazgo, pero además descargaron el trabajo administrativo de los apóstoles.

A veces, los diáconos de las iglesias, aunque esto puede pasar con cualquier título, terminan abusando de su cargo. En este caso ha habido un error en la elección. Pero también he visto en muchas iglesias la tendencia a que la gente ocupe el cargo, pero sin darle reconocimiento ni el título que le corresponde, por temor a que la persona se envanezca. Esto es lo mismo que si el pastor no pudiera llamarse pastor, para que no se envanezca. En muchas ocasiones pedimos los sacrificios y desvelos de un cargo, pero no queremos darles el reconocimiento dentro de la iglesia. Esto termina frustrando a las personas y confundiendo a la congregación.

¿Cómo debemos tratar a nuestros colaboradores?

Es importante que siempre tratemos a todos nuestros colaboradores con equidad. El hacer distinciones no es bueno, siempre alguien puede salir dañado.

En una de las iglesias en las que colaboré se enseñó un buen principio que no he visto practicar a otras, que es la generosidad, pero a veces esta implicaba distinción y discriminación. En mi iglesia se daban premios y reconocimientos a las personas que más ayudaban o apoyaban. El problema era que a veces eso creaba malestar, ya que siempre hay alguien al que no se le ha tomado en cuenta.

Yo creo que hay que mostrar gratitud a los pastores, pero que los colaboradores y diáconos, el resto del liderazgo, no debe recibir premios, ya que, al ser consiervos, unos se verán despreciados con respecto a los otros. En el caso de que se quiera dar un detalle, siempre ha de ser el mismo.

Jesús utilizó para sus colaboradores **dos tipos de enseñanzas prácticas:**

1. **Por un lado los capacitó y preparó para que tomaran decisiones por ellos mismos.** Esto lo vemos cuando Jesús envía a los doce en poder. Oró por ellos y **les dio autoridad** para que pudieran sanar toda enfermedad (Mt 10.1).

     ¿Qué es la autoridad? La autoridad es el nivel de influencia que una persona tiene sobre un grupo. También es el prestigio ganado por una persona, el buen testimonio que mencionábamos antes.

2. **Además de otorgarles autoridad les dio instrucciones**, formas de comportamiento: el objetivo de la misión, el mensaje, la acción sobre las personas, la provisión divina, la hospitalidad, cómo reaccionar ante la hostilidad, cuál será el trato que recibirán. Les anima al valor y a estar preparados espiritualmente y a esperar las recompensas del servicio a Dios.[6]

Jesús no les maquilla la verdad; les dice el precio del liderazgo y los sacrificios que conlleva, también los beneficios y recompensas de parte de Dios.

Por otro lado, los envía. Ellos tienen que hacer la misión solos.

Cuando elegimos colaboradores, tenemos que saber delegar en ellos. De otra manera nunca crecerán ni madurarán.

Por desgracia en muchas iglesias a los líderes colaboradores del ministerio se les mantiene al margen y únicamente se les usa para tareas complementarias. La pastoral la hace el pastor, la enseñanza y el discipulado las hace el pastor y sus colaboradores ejercen únicamente funciones secundarias. Esto no permite la maduración de los colaboradores ni les facilita un espacio de trabajo y desarrollo de su propio ministerio.

Problemas de función

Uno de los problemas que surgen al no estar bien divididas las funciones es el choque entre líderes. A veces fallamos en la coordinación y un líder encargado de la membresía o el discipulado se enfrenta al líder de evangelismo o jóvenes, porque no se han coordinado bien los ministerios. Hay iglesias en las que todos hacen todo, no están bien divididas las competencias y muchas cosas se repiten, mientras que otras quedan sin hacer.

Por eso es importante establecer correctamente las funciones de cada líder y cómo han de colaborar en proyectos comunes.

A nivel pastoral, el pastor principal tiene que dividir la membresía, para que sus pastores auxiliares puedan acompañarles e ir aprendiendo en esa área.

A veces los pastores principales enferman, dejan la iglesia repentinamente o tienen que tomarse tiempo de formación, reflexión, etc., pero no han dejado preparado un equipo, porque ellos hacían el ochenta por ciento del trabajo.

Jesús mandó a sus discípulos solos, tenían que empezar a madurar y enfrentarse a situaciones difíciles sin su supervisión directa.

Naturalmente, se equivocarían al principio, pero al final serían capaces de llevar a cabo su trabajo.

Cuando no formamos ni delegamos

En una iglesia que conozco, un asunto personal hizo que el pastor estuviera varios meses alejado del ministerio de la iglesia. El mismo pastor sabía que las personas que colaboraban con él no podían llevar solas la iglesia por varias razones y las reforzó con otro grupo de líderes. Esas personas llevaban casi una década sirviendo en la iglesia. ¿Por qué no estaban preparadas?

Muchas veces, a la falta de capacitación se une el elegir a las personas inadecuadas. En muchos casos, como ya hemos comentado, tampoco se reconoce el ministerio a los colaboradores y se le ponen nombres secundarios como: colaboradores del pastor, ayudante del pastor, líderes de servicios pastorales, grupo de trabajo, etc.

Aunque las nomenclaturas no nos parezcan importantes, son las que nombran el cargo y el ministerio de la persona. ¿Nos fiaríamos igual de la capacidad de un médico al que se denominara «ayudante de médico», «colaborador de médico»? No nos fiaríamos igual. Nos preguntaríamos si el hecho de que no le llamen médico es por su falta de capacidad, conocimiento o experiencia.

Las personas que Dios pone a nuestro lado como líderes son nuestra responsabilidad. Si no sabemos o no queremos formarlas, tarde o temprano surgirán los problemas.

El pastor con el que me convertí siendo adolescente era un hombre que tenía muy claro que el trabajo y el esfuerzo, poco a poco, te formarían. Recuerdo que en mi primer año de convertido no faltaba a ninguno de los cultos. Para mí eran tan importantes como comer o beber. En cuanto llegaba el pastor me llamaba y me decía: «Mario. Por favor, ayúdame a colocar los folletos. Reparte esto, recibe a la gente».

En ese momento yo no lo sabía, pero ya estaba formándome para el servicio. Recuerdo que aquel mismo hombre, cuando uno de mis cuñados le comunicó que quería entrar en el seminario para servir al Señor, le comentó: «Bueno, quiero que este verano vengas todos los días a la iglesia». Cada día, el aspirante a seminarista tenía que realizar alguna tarea. Limpiar la iglesia, sellar folletos, subir al tejado para limpiar los canalones, visitar enfermos y todo tipo de tareas. Capacitamos por medio del ejemplo y la práctica.

Mi padre era albañil. Era un buen profesional y un buen cristiano. Cuando a veces yo le iba a ayudar para que me diera algo de dinero o me comprara unas zapatillas deportivas nuevas, él me explicaba una sola vez cómo se hacía el trabajo, el resto era práctico. Yo cometía errores, pero aprendía.

Ser pastores o líderes es un oficio divino. Me gusta la expresión de «cura de almas», que expresa que somos médicos del corazón, pero cada persona es distinta, cada situación es distinta y debemos esforzarnos por dar lo mejor de nosotros mismos.

El equipo

El equipo tiene que ser de un tamaño proporcionado a la congregación. En la iglesia del pastor que mencioné, que tienes una de las más numerosas de España, tienen un equipo pastoral con más de setenta y cinco miembros, aunque además haya muchos otros colaboradores y ayudantes. En una iglesia pequeña de ciento cincuenta personas, tres líderes son más que suficientes, pero con la ayuda de un equipo.

El liderazgo tiene que estar apartado de los asuntos administrativos. De otra manera, los problemas surgirán por asuntos de presupuestos o problemas financieros.

Un comité económico, en el que el pastor pueda participar, pero sin voto, es la mejor solución para terminar con suspicacias y problemas. Algunos pastores dirán que si ellos no llevan la parte económica no pueden desarrollar la parte espiritual. Este argumento ya lo he escuchado en numerosas ocasiones. Naturalmente tiene parte de verdad, pero si no hay confianza y colaboración entre la congregación y el liderazgo, no importa que el pastor lleve directamente las cuentas, eso lo único que hará será aumentar la desconfianza y terminará por dividir la iglesia.

Cuando un pastor que conozco tuvo claro que tenía que cambiar la visión de la iglesia, pasó varios meses orando por el tema. Después expresó su visión a sus colaboradores, les abrió su corazón e intentó contagiarles su pasión. El noventa por ciento le apoyó en los cambios, aunque al principio no fueron fáciles.

En otros casos he escuchado cómo las visiones se imponían, expulsando de la iglesia a los líderes que no las compartían, excluyendo a los hermanos que no las aceptaban. Ese no es el orden de Dios, él siempre persuade. Su Espíritu Santo nunca nos obliga a nada.

El equipo de liderazgo tiene que estar formado por personas idóneas para el ministerio, el apóstol Pablo da unas pautas a Timoteo que tienen que ver con cualidades, actitudes y actuaciones.[7] Pero además tiene que producirse la diversidad cultural que hay en la iglesia, que esas personas estén capacitadas en la Palabra de Dios, que no sean recién convertidas, y por último que sean fieles.

Los líderes pastorales tienen una responsabilidad delante de Dios y la congregación. Deben ser discretos y mostrar el amor de Dios hacia su congregación.

El equipo pastoral ejercerá las funciones pastorales y la visión de la iglesia, así como la enseñanza de la congregación. La congregación tiene que reconocer sus dones y votar su elección. Cuando los líderes se eligen entre ellos, es muy sencillo que surja el nepotismo del que hemos hablado.

Uno de ellos tiene que presidir ese colegio o equipo pastoral. Siempre hay una persona que destaca entre las otras, sin que eso quiera decir que el resto no tiene dones de liderazgo.

Pastor principal

Los discípulos competían entre sí para saber cuál sería el mayor. Querían posiciones privilegiadas en el reino de Dios y en el apoyo a Jesús. Él les advirtió que debían verse como servidores y no como señores de la grey de Dios.[8] A pesar de todo, Jesús encontró un líder natural entre sus discípulos, Simón Pedro.

Durante los tres años de ministerio, Jesús intento enseñar a Pedro algunos rasgos del buen líder, como valentía, humildad, determinación, servicio o capacidad de sacrificio. Tras la muerte y resurrección, Jesús nombró a Pedro el líder del grupo.[9] Más tarde, en la predicación del día de Pentecostés frente a la multitud, Pedro demostró ser digno discípulo de Jesús y se convirtió en el líder de la primera iglesia en Jerusalén.

Ese liderazgo superior o de autoridad tiene que ser reconocido por la iglesia y el resto de colaboradores, de otra manera los problemas no dejarán de presentarse.

En una congregación no pueden convivir dos pastores principales ni dos visiones distintas.

Relevo

En una iglesia, después de la sucesión del pastor principal, el antiguo pastor se quedó como miembro, ya que ejercía un ministerio paraeclesial. A las pocas semanas, los problemas comenzaron a manifestarse. Choques, roces, falta de reconocimiento y de autoridad del nuevo pastor y división de la membresía. Afortunadamente, el anterior pastor decidió salir y fundar una nueva iglesia, pero eso no evitó el desgaste del nuevo y una situación que no tenía que haberse dado.

En otro caso, un líder tuvo la idea de que, mientras él se dedicaba más al evangelismo, un buen compañero y amigo en el ministerio le ayudara en la iglesia. A los pocos meses, los problemas crecieron. Otra vez dos visiones distintas se enfrentaban. Los dos tenían las cualidades y los dones de un pastor principal, pero en los barcos hay únicamente un timón.

Algunos consejos prácticos:

1. **Es importante, como pastores, que desde el principio estemos preparando nuestro relevo**. En primer lugar, porque no

sabemos cuándo Dios nos puede llamar a su presencia y la iglesia puede quedar desatendida e incluso desaparecer. Lo más natural es que surja dentro del equipo pastoral o el cuerpo ministerial el sucesor del pastor. Pero ese proceso tiene que suceder mucho antes de que el pastor principal se marche. En un colegio de pastores será mucho más difícil que se pongan de acuerdo y se reconozcan unos a otros.

2. **La congregación debe ratificar a los líderes,** las imposiciones además de ser antibíblicas tienden a la corrupción y a la desafección por parte de la congregación.

3. **Dentro del equipo pastoral debe regir la ética ministerial,** el apoyo mutuo, la fraternidad y el reconocimiento mutuo de los dones. Es mejor que el equipo lo formen tres personas que dos o cuatro. A la hora de tomar decisiones es necesario que las votaciones se ganen por mayoría, no por el voto único del pastor principal.

4. **En caso de disensión, los pastores deben intentar llegar a un acuerdo y, si esto no es posible, no deben involucrar en su disputa al resto de la iglesia.** Los pastores no principales deben salir de la iglesia. En el caso de que sea el pastor principal el que se quiera ir, deberá proponer a la asamblea el sustituto.

5. **Nunca se debe poner a la asamblea de la iglesia en la tesitura de elegir entre dos miembros del liderazgo,** ya que eso conllevará la división de la iglesia.

6. **Los líderes deben dejar ir a sus ayudantes,** cuando estos ya necesiten su propio espacio, preparando y apoyando la constitución de nuevas iglesias.

7. **El colaborador más cercano del pastor no debe ser del otro sexo,** para evitar las murmuraciones y los malos entendidos dentro de la congregación.

Equipo administrativo

Los equipos administrativos, ya sean diáconos o un comité financiero, no son sustitutivos de los pastores. Estos equipos se encargan de labores administrativas y sociales. La Biblia pone sus requisitos casi al mismo rango que los de pastores u obispos, por eso Dios les da una importancia grande, ya que administran sus cosas.

Es imprescindible que haya sintonía entre el equipo administrativo y el equipo de liderazgo, pero no olvidemos que ambos se deben a la iglesia y no el uno al otro.

El sueldo del pastor y sus condiciones laborales deben proponerse en el equipo administrativo y ratificarse por la asamblea.

Los pastores no pueden, por un deber ético, cobrar sueldos muy por encima de la media económica de su sociedad o de la iglesia. En muchos lugares se está dando un mal ejemplo por la riqueza de muchos pastores, a costa de sus congregaciones pobres. Sabemos que el trabajo en una iglesia grande es muy duro, pero los pastores no son ejecutivos de multinacionales.

Los pastores o líderes cristianos tienen que ser ejemplos a sus subordinados. Recuerdo el caso de un ejecutivo cristiano que mientras pedía en numerosas ocasiones a sus subordinados todo tipo de sacrificios económicos él vivía muy por encima del resto de sus colaboradores. La iglesia no está para hacer rico a nadie. El que quiera ser millonario que se dedique a los negocios. Otros muchos se enriquecen a través de libros, predicaciones o canciones. Si son particulares, es totalmente lícito, pero deben siempre guardar el decoro y la humildad debidos. Hay una máxima, si tú no puedes aparcar tu auto delante de la puerta de la iglesia, es mejor que no lo tengas. Recuerdo el caso de un misionero que dejaba su vehículo a varias calles de la iglesia para que los miembros no lo vieran.

Cuando el enemigo está en casa

A veces surgen problemas en el equipo pastoral o de liderazgo. Si existen disensiones o dificultades hay que tratarlas francamente. Recuerdo el caso de una persona que colaboraba con el liderazgo, pero que ofendió sin saberlo al líder de la iglesia. Al regreso de un viaje, el líder de esa iglesia le quitó de sus cargos y ministerios sin ninguna explicación. Cuando esa persona fue a hablar con él para preguntarle la causa de aquel comportamiento, el líder le negó que hubiera algún problema o que estuviera en disciplina. Esa no es la manera de afrontar un problema, siempre debemos ser claros y basar nuestras decisiones en hechos, hablarlo en el liderazgo y tomar decisiones valientes.

Las reuniones de equipo, ya sea a nivel pastoral o de colaboradores, siempre tienen que ser abiertas, que reine la libertad y que todos puedan compartir su visión.

El pastor no debe nunca imponer. Su misión es enseñar y persuadir, también inspirar. No es bueno que el pastor se dedique simplemente a desmontar o desmotivar las ideas de sus colaboradores. Al final estos se cansarán de dar ideas y el pastor comenzará a sentirse solo en sus decisiones.

Hay muchas maneras de luchar contra ideas o planteamientos no compartidos; una de ellas es no apoyando las decisiones unilaterales.

Muchas veces, las decisiones en solitario nos aíslan y terminan por dejarnos solos. Eso se puede aplicar también al resto de la congregación. Si el equipo de liderazgo no sabe transmitir ilusión y actúa en contra del resto de la iglesia, esta terminará por darle la espalda.

En ocasiones, ya sean líderes dentro del equipo o personas de fuera, comenzarán a criticar el trabajo del pastor o el resto del equipo. Si la iglesia es madura, el equipo no tardará en enterarse.

En el caso de que sea alguien del equipo el que está causando el problema hay que enfrentar la situación directamente, no dejar que pase mucho tiempo y hacerlo dentro del propio equipo. Si la cosa no puede solucionarse o la persona presenta una actitud de rebeldía, debe ponerse en disciplina a dicha persona y comunicarlo a la congregación.

La disciplina no es un castigo, es un arma pedagógica que Dios utiliza para restaurar a la persona y sus relaciones con los demás.

En las iglesias en las que no se aplica, todo comienza a ser muy laxo y baja el nivel de santidad y el rendimiento de los miembros. Si los líderes no dan ejemplo, mucho menos lo van a dar los feligreses.

Los pastores y líderes tienen que ser capaces de dar salida a los nuevos responsables de una forma natural, creando nuevas congregaciones o ministerios. El potencial de una iglesia puede perderse por esta falta de visión de los líderes. He conocido varias iglesias de diferentes denominaciones que no supieron ver esto a tiempo. De ellas surgieron líderes reconocidos a nivel nacional, pero ellas mismas han ido decayendo al no ser capaces de haber aprovechado todo ese potencial.

Judas

En la mayoría de los equipos de liderazgo hay un Judas, una persona dispuesta a traicionarnos o simplemente ir minando nuestro ministerio hasta destruirlo. Debemos ser precavidos, no podemos actuar precipitadamente. Antes de dar un paso tenemos que obtener pruebas de que esa persona está obrando de forma ilícita o faltando a la lealtad con el equipo de liderazgo.

Los Judas de este mundo suelen alimentarse, como el Judas de la Biblia, de dos puntos clave:

1. **Las ganancias deshonestas.** Judas robaba parte del sustento de los apóstoles y de Jesús.[10]
2. **Una visión diferente.** Pero también Judas simplemente pensaba que Jesús tenía que tomar un camino más radical. De hecho, al ver que el Maestro es capturado decide devolver al templo las monedas que le han dado los sacerdotes.[11]

Los traidores dentro del equipo de liderazgo estarán motivados por estas dos cosas, pero hay una **tercera razón** que debemos tener en cuenta: **la envidia.**

El apóstol Pablo nos habla en su carta a los filipenses, que algunos predican la Palabra de Dios por envidia y contienda.[12]

No debemos dudar que, si a Jesús le traicionaron, a nosotros también nos van a traicionar. Nuestra actitud ha de ser de perdón, reconciliación y restauración. Como decía el apóstol Pablo a los romanos: «Si es posible, en cuanto dependa de vosotros, estad en paz con todos los hombres» (Ro 12.8).

Tenemos que ser benignos y bondadosos con todos los hombres, sabiendo que nosotros también podemos fallar y hacer que otros se sientan traicionados.

Pidamos a Dios que nos restaure si guardamos rencor a alguien que nos ha dañado en el ministerio, para que eso no estorbe nuestro servicio a él.

Comunicación con el equipo

1. **En primer lugar tenemos que recordar que estamos pastoreando a nuestros colaboradores.** Debemos preocuparnos por sus vidas y estar interesados en lo que les sucede. A veces únicamente nos fijamos en el rendimiento y no en las causas del comportamiento de nuestros colaboradores.

    Siempre que descuelgues el teléfono para pedir algo a un colaborador, toma un tiempo para preguntarle por su situación personal. Haz el esfuerzo de recordar los problemas o situaciones difíciles de sus colaboradores y ora por ellos. Tus colaboradores no son robots, son personas de carne y hueso.

2. **Escucha las explicaciones antes de hablar o reprender,** puede que no tengas toda la información.

3. **Toma en cuenta las opiniones de tus colaboradores.** Yo he trabajado con varios pastores que parecen cerrados a cualquier tipo de sugerencias y piensan que nadie puede aportarles nada nuevo.

Otros niegan los comentarios u opiniones de sus colaboradores, pero luego las aplican como si fueran ideas propias. Esto
está mal. Debemos dar honra al que la merece.

4. **No apliques por principio los errores a tus subordinados**,
   inclúyete en el fallo o el error, eres el supervisor último. He
   visto también a líderes lanzar su ira contra colaboradores, pero
   nunca asumir su propia responsabilidad. Recuerdo el caso del
   director de un ministerio que a lo largo de los años ha logrado
   sobrevivir en su puesto lanzando balones fuera. Todo era siempre culpa de sus subalternos y no de él.

   Si te conviertes en un jefe o líder exigente, arisco y colérico,
   la gente actuará de una manera delante de ti y de otra cuando
   no estés.

5. **Los colaboradores no tienen que tenerte miedo, sino respeto.** Son dos cosas muy distintas. El miedo siempre actúa bajo
   coacción y nunca cambia el comportamiento. El respeto y la
   admiración llevarán a tu equipo a que te imite, porque conse-
   guirás que ellos te admiren.

La soledad está muchas veces producida por el aislamiento. Tenemos que esforzarnos en no perder nunca el contacto con la realidad, ni
con las personas que nos apoyan en el ministerio.

El jefe que habla mal de su equipo, normalmente ya está aislado,
porque no ha entendido que el equipo y él son una misma cosa.

La soledad a veces será inevitable, podemos hacer todo esto y al
mismo tiempo sentirnos solos, ya que el liderazgo es siempre caminar
un poco por delante de los demás, prever situaciones difíciles y oportunidades. Liderar puede ser agotador, por eso en la última parte de este
libro hablaremos sobre ese tema.

«Os he llamado amigos»

Jesús, en la última etapa de ministerio, entró a otro nivel con sus discípulos. A veces creemos que no podemos e incluso que no es bueno ser amigos de nuestros colaboradores o consiervos en el ministerio, pero la realidad es que únicamente en la amistad está el nivel adecuado de compenetración. Puedo sentirme orgulloso de ser amigo personal de los siervos de Dios con los que he trabajado. Personas imperfectas, como lo soy yo, pero que me enseñaron muchas cosas, desde cómo compartir en público hasta el testimonio de amor a Dios y a los hermanos.

La amistad es un don de Dios. Naturalmente hay grados, no estoy diciendo que tengamos que ser amigos íntimos de nuestros colaboradores, pero sí que tenemos que llegar a un punto de relación profunda.

Cuando los líderes consiguen este tipo de compenetración, una simple mirada o gesto es suficiente para saber lo que piensa el otro.

En uno de los momentos más emocionantes de la relación de Jesús con sus discípulos pronuncia las bellas palabras que han presidido este capítulo: «Ya no os llamaré siervos, porque el siervo no sabe lo que hace su señor; pero os he llamado amigos, porque todas las cosas que oí de mi Padre, os las he dado a conocer» (Jn 15.15).

Las razones de Jesús son muy claras. Como Hijo de Dios, como Mesías, como el que tiene todo el poder y la autoridad, podía tratarlos como siervos, pero los va a tratar como amigos.

La primera razón que Jesús aduce es que los siervos no están informados del plan. No saben qué es lo que se mueve en la casa, pero los amigos tienen información de primera mano. Con los amigos se tiene confianza y, al final, se abre el corazón a todos ellos.

La segunda razón por la que Jesús los considera sus amigos es que «nadie tiene mayor amor que este, que uno ponga su vida por sus amigos» (Jn 15.13).

Jesús nos reconcilia con Dios, nos hace sus amigos y es capaz de sacrificarse por nosotros. Estas palabras son más impactantes si recordamos que aquel Jesús que les está diciendo eso sabe que ellos le van a traicionar. Amar sin esperar nada a cambio.

Todas estas pautas que hemos comentado a lo largo de este capítulo se resumen posiblemente en estos últimos párrafos. **Si no puedes abrir tu corazón delante de tus colaboradores, no son las personas adecuadas.** Si no confías en ellos plenamente y no darías tu vida por la suya, ellos tampoco lo harían por ti. El amor es la argamasa que sustenta el edificio de la iglesia, lo único que mantiene en pie a una congregación cuando todo se derrumba. No te olvides de amar mucho, aunque no recibas tanto amor de vuelta.

CONCLUSIONES DEL CAPÍTULO

1. Es difícil elegir a las personas adecuadas para que te acompañen en un viaje tan duro y peligroso como es el liderazgo, pero es mejor equivocarse y sentirse traicionado que estar solo en el ministerio. Tenemos que usar los patrones de Jesús y la Biblia para buscar líderes, no los patrones humanos.

2. Los requisitos para elegir un buen líder han de fijarse más en el interior de la persona que en su exterior. Pensemos en que los discípulos pusieron un patrón claro a buscar en los líderes: tener un buen testimonio, estar llenos del Espíritu Santo y ser sabios. Aunque también es recomendable que sean personas que han estado trabajando desde hace tiempo en la iglesia y sean reconocidos por la congregación.

3. No podemos olvidar que tanto Jesús como luego los discípulos buscaron en los líderes también patrones sociales. Es necesario que el nivel de formación entre el líder y sus colaboradores sea equilibrado.

4. El trabajo en equipo es difícil, pero por eso siempre existen ciertos mecanismos que lo harán más eficaz y productivo. Debemos tratar bien a los miembros del equipo y ganarnos su respeto, nunca su temor. Deben vernos como modelos y tenemos que asumir los errores del equipo y sus éxitos.

5. El nivel máximo de colaboración con aquellas personas que nos acom-
    pañan en el ministerio es el amor. Si somos capaces de amarles y con-
    vertirnos en sus amigos, el trabajo se convertirá en algo mucho más
    agradable y placentero. Si no puedes abrir tu corazón a tu equipo es que
    no puedes confiar en él.

Capítulo 9

COMPETIDORES

Porque no nos predicamos a nosotros mismos, sino a Jesucristo
como Señor, y a nosotros como vuestros siervos por amor de Jesús.

—2 Corintios 4.5

El líder y otros líderes

Nunca he conocido un ejército en el que los oficiales, generales y mariscales actúen de manera independiente. Los ejércitos siempre han de coordinar sus fuerzas para centrarse en el enemigo común, la estrategia y la victoria final. Los cristianos somos un ejército para Dios, pero nuestras fuerzas están divididas y a veces compiten entre sí.

Recuerdo el caso de una iglesia en una de las provincias de mi país, que al crecer y comenzar a implantar iglesias en diferentes pueblos cercanos a la iglesia madre se encontró con que la otra iglesia grande de su ciudad comenzaba a hacer lo mismo. Es triste, aunque al final pueda redundar para el progreso del evangelio, que en muchos casos actuemos de esa manera.

Las denominaciones, las familias de iglesias, los ministerios independientes, los movimientos son algo que nos enriquece, pero también nos divide.

Yo que he nacido y crecido en una sociedad muy monolítica, como la española, siempre he visto como algo muy positivo esa diversidad, ya que el Señor nos creó diversos y diferentes. Hay gente que por su tradición, carácter o el sitio en el que se convirtió tenderá a entrar en una iglesia carismática, bautista, pentecostal, luterana o episcopal. Esa diversidad es nuestra fuerza. Unos serán alcanzados por Dios gracias a la labor del Ejército de Salvación y otros por la Iglesia Episcopal, pero el problema se plantea cuando la desconfianza, la competencia e incluso el descrédito es lo que preside nuestras relaciones entre iglesias. Lo mismo sucede a nivel ministerial: personas que ya sea porque sus iglesias son independientes o por la falta de fraternidad dentro de sus organizaciones, viven el ministerio en solitario.

El tour

Hace unos meses llevé a mis estudiantes de la Facultad de Teología de Córdoba (España) para que vieran con sus propios ojos algunos de los sitios más emblemáticos del protestantismo en España. Visitamos en tres días varias iglesias, colegios y otras instituciones cristianas pertenecientes a diferentes denominaciones. Los alumnos quedaron encantados y aprendieron mucho, pero lo que más me sorprendió fue el comentario que me hizo uno de ellos. El estudiante se me acercó en una de las caminatas y me dijo: «Me ha sorprendido lo que le quieren y lo bien que le tratan los pastores de las distintas denominaciones, a pesar de que muchas de sus ideas y creencias son tan distintas a las suyas».

Aquellas palabras las tomé como el mayor de los elogios y, aunque no me gusta ponerme como ejemplo de nadie, ya que tú, querido lector, tendrás también un buen trato con el resto de pastores de tu zona, aquel comentario me hizo sentir muy bien.

Yo me crie en una iglesia pentecostal, pero gracias al ministerio de dirección de una ONG cristiana por más de quince años traté y visité iglesias de las más diversas denominaciones. Lo mismo sucedió durante mi etapa estudiantil, que me permitió acercarme a creyentes de todas las ramas del cristianismo y poder compartir con ellos. Ahora muchos son líderes de esos grupos y denominaciones, lo que me hace sentir muy orgulloso por ellos. Durante años he practicado la máxima de que todas las personas, y mucho más las cristianas, tienen algo que enseñarme. Junto a líderes de las más diversas denominaciones y familias cristianas he aprendido cosas que de otra manera quizá no sabría.

Los prejuicios nunca son buenos consejeros, porque nos aíslan y terminan por convertirnos en llaneros solitarios.

La riqueza de nuestras iglesias debe animarnos a buscar siempre lo mejor del otro y qué tiene que enseñarnos.

Los clichés y las etiquetas suelen hacer más daño que beneficio a las relaciones entre los líderes y las iglesias. Yo a veces he sufrido la paradoja de que la gente me hablaba como si fuera de su denominación, pensado que no era eso otro que ellos consideraban malo o poco apropiado.

Recuerdo la ilustración de la mujer que estaba buscando una nueva iglesia en la que reunirse al tener que cambiar de ciudad por una cuestión de trabajo. Recorrió todas las iglesias, hasta que recaló en la última que tenía apuntada en su lista. El pastor la recibió con mucha cortesía y después de terminar el culto se acercó a él y le comentó: «Sabe, su iglesia era la última de mi lista, porque todas las iglesias en las que he estado me han hablado muy mal de usted, pero cuando llegué aquí usted habló muy bien de todos, por eso he decidido quedarme con esta iglesia».

Dios, ya lo hemos dicho en varias ocasiones, no nos ha llamado a establecernos como jueces unos de los otros.

Los otros

Recuerdo una escena patética que sucedió en una ocasión en mi iglesia. Habíamos preparado una serie de actos evangelísticos, pero el distrito en el que estaba nuestro local era tan reacio a los protestantes que no nos concedieron permisos para los actos y los hicimos en un distrito próximo. Al segundo día de estar evangelizando, cuando terminamos los actos, se acercó un grupo de hombres muy enfadados hacia nosotros para decirnos que aquel era su territorio y que no debíamos evangelizar allí. Nos sorprendieron tanto las formas como el fondo de lo que decían, ya que daban a entender que aquella zona les pertenecía. En nuestra ciudad todavía hay millones de personas que no conocen a Cristo y muy pocas iglesias, por eso aquello no dejaba de ser dantesco. La iglesia de aquel hombre estaba a varios kilómetros de ese parque, pero él consideraba que aquel distrito con más de 300.000 personas era su campo de trabajo.

En los planes de evangelización nacionales a veces no se ha tomado en cuenta si hay todavía miles de pueblos y decenas de ciudades grandes sin testimonio, en muchas ocasiones lo que importa es que tal o cual denominación esté en la ciudad.

Un pastor de una iglesia muy grande me comentó que durante años no habían abierto iglesias en otras zonas de la ciudad, para no molestar a pastores, pero que pensaba que eso estaba limitando la expansión del evangelio e iba a dejar de hacerlo. Aquellos barrios tenían cientos de miles de vecinos y muchas iglesias apenas llegaban al centenar de personas. Había tantas personas a las que llegar con el evangelio, pero lo más importante parecía que era conservar una especie de coto de caza privado.

Los que no son contra nosotros

Este tipo de competencia también lo encontró Jesús durante su ministerio en la tierra. Es curioso que uno de los episodios que nos narra Marcos en su Evangelio tenga que ver con esto. Al parecer, en uno de los actos de evangelización de los apóstoles se encontraron con un grupo que estaba liberando gente de espíritus malignos, pero los discípulos les reprendieron porque no les quisieron seguir. Las palabras de Jesús no pueden ser más claras cuando dice: «... el que no es contra nosotros, por nosotros es».[1]

Jesús no se sentía como un competidor en una carrera hacia el éxito. Él veía la mies y seguía creyendo que era mucha y que siempre faltan manos para trabajar.[2]

En otra ocasión hubo un conflicto entre los seguidores de Juan el Bautista y los de Jesús, porque estos bautizaban más que Juan. Jesús no quiso que le compararan y dejó esa región.[3] Jesús nunca buscó tener un ministerio competitivo.

Dicen que las comparaciones son odiosas, pero muchas veces los demás o nosotros mismos tendemos a compararnos, a pesar de que Dios nos llamó para planes y cometidos diferentes. Esa competitividad al final produce un profundo vacío y soledad en el líder, sobre todo si se siente fracasar, pero también en los casos de supuesto éxito.

No somos enemigos

A veces, las rivalidades entre denominaciones han construido grandes muros que nos separan a unos de otros. Lo cierto es que en mi país muchos de esos muros están cayendo, pero aún quedan algunos prejuicios y cautelas.

La creación de organizaciones que nos aglutinen a todos y la formación de foros interdenominacionales nos abrirán al mundo de otras realidades eclesiales y quitarán muchos prejuicios.

Recuerdo un viaje que organizó una institución judía para líderes protestantes, en el que yo pude participar. Por unas razones que no vienen al caso, existía tensión entre los representantes de dos de las organizaciones más importantes, pero el conocimiento del otro sirvió para limar asperezas. La convivencia durante aquellos días ayudó a que tendiéramos puentes. A veces podemos ser forjadores de murallas o constructores de puentes.

Dios siempre crea puentes. Cristo es la muestra viva de esa realidad, él se hizo un hombre para abrir un puente de comunicación entre Dios y los hombres. Unió bajo una misma ciudadanía a gentiles y hebreos, también a esclavos y sus amos, a mujeres y a hombres. Nosotros debemos ser también constructores de puentes.

Cuentan la historia de dos hermanos que, tras una vida trabajando juntos y compartiéndolo todo, surgió una disputa entre ellos. Tenían tierras colindantes, pero el menor, con el deseo de crear una gran sima entre ambos, desvió el curso de un arroyo caudaloso para que pasara entre las dos fincas. Cuando un carpintero pasó por allí unas semanas más tarde, se dirigió a la casa del hermano mayor para saber si necesitaba sus servicios. El hermano mayor le dijo que sí, necesitaba una valla muy alta que le separara aún más de su hermano y que cubriera la finca de al lado, porque no quería ni verla. El carpintero trabajó durante varios días hasta ver terminado su trabajo. Cuando el hermano siguió al carpintero para ver la valla que le había encargado se encontró que el carpintero había hecho un puente que llevaba a las tierras de su hermano. El hombre miró al carpintero con el ceño fruncido, pero, antes de que pudiese abrir la boca, el hermano menor apareció corriendo por el puente y le abrazó. Mientras lloraba decía: «Perdóname hermano, mientras que yo hice todo lo posible por separarme de ti, tú en cambio construiste este puente para volver a unirnos». Los hermanos estaban tan contentos al verse de nuevo unidos, que pidieron al carpintero que se quedara con ellos, pero este le comentó que tenía que proseguir su viaje para continuar construyendo puentes.

Jesús es un constructor de puentes, nosotros no podemos ser forjadores de muros.

Al finalizar nuestro viaje por Francia, nuestra guía se dirigió a nosotros para felicitarnos, ya que había notado que éramos un grupo especial. Lo que nos hacía especiales era el gran maestro al que servimos, Jesucristo.

Las fraternidades

Las denominaciones tienen algunos mecanismos para que los ministros no se encuentren solos, pero en muchas ocasiones estos mecanismos no funcionan como sería deseable. Los líderes nos caracterizamos por tener poco tiempo libre, tampoco estamos concienciados de que necesitamos tener comunión con otros líderes, por eso muchas de estas reuniones se convierten en meros actos burocráticos, en el que los líderes no se sienten plenamente libres para compartir sus dudas, emociones o problemas. La soledad parece la eterna competidora del líder.

El espíritu de competencia aun dentro de las mismas denominaciones hace que miremos con desconfianza al resto. ¿Cómo usará el otro pastor lo que sabe de mí? ¿Viene para ayudarme a para robarme feligreses?

Sin duda, dentro del liderazgo hay lobos con piel de oveja y tenemos que utilizar bien nuestro discernimiento, pero unidos haremos mucho más por el pueblo de Dios.

Unidos con un plan

En varias ocasiones, a nivel nacional o local, las iglesias se han unido para realizar esfuerzos evangelísticos, pero se echan de menos más ejemplos de esta índole. Recuerdo que en una ciudad de mi país se organizó un evento que aglutinaba a la mayoría de las iglesias. Después de varios días de actos evangelísticos unidos, algo espiritual se rompió en aquella ciudad. Las iglesias de toda la ciudad multiplicaron su membresía, Dios siempre apoya la unidad entre iglesias y creyentes.

Jesús mismo nos recuerda que es necesario que seamos uno para que el mundo crea.[4]

Las rivalidades, los pleitos y problemas de los líderes están impidiendo el fluir del Espíritu Santo y que más personas puedan venir al conocimiento de la verdad. Además, como muchas iglesias e incluso denominaciones se han formado por divisiones con otras, muchas veces no se ha producido la reconciliación.

A veces podemos preguntarnos, ¿cómo puedo saber yo que he perdonado realmente? La respuesta no es fácil, pero un síntoma claro es cuando podemos hablar de ello sin sentirnos heridos. También cuando hemos restaurado las relaciones, aunque sea a un nivel inferior al anterior.

Hermanos divididos a causa de iglesias, familiares, padres e hijos... eso nunca puede estar dentro del plan de Dios.

La unidad es además un elemento de bendición multiplicadora, cuando todos nos ponemos al servicio de todos con el deseo de que Dios sea glorificado.

El oficio de pastor ya no se aprende como antiguamente. Lo más normal era que un ayudante fuera formándose durante años con un pastor experto y que cuando este se jubilara o se marchase a otra iglesia, el segundo ocupase su lugar. También se formaba a pastores jóvenes para abrir más campo misionero, pero en la actualidad el nepotismo, así como la especialización y profesionalización del ministerio, hacen que los pastores se encuentren solos en una frenética carrera hacia el éxito.

La soledad de la carrera

Ya hemos comentado lo solitario que puede ser el pastorado, pero lo es aún más cuando hemos perdido el rumbo y no nos acordamos de a quién servimos.

El apóstol Pablo se rodeó de algunos amigos y colaboradores. Los menciona constantemente en sus cartas. Naturalmente, muchas veces le abandonaron o traicionaron, pero otros se mantuvieron fieles.

En el ejemplo del apóstol Pablo vemos que al menos tuvo la ayuda y colaboración de cincuenta personas, que el libro de los Hechos y las cartas del propio Pablo nos describen. De entre ellos, este destaca especialmente a dieciséis colaboradores.

Estos amigos en el ministerio fueron su apoyo en tiempos difíciles. Los nombres de estos hombres y mujeres, que apoyaron el ministerio de Pablo y sin el que este no hubiera sido posible, son: **Timoteo, Tito, Sóstenes, Silvano, Clemente, Gayo, Lucio, Jasón, etc.** Entre las mujeres: **Febe, Lidia, Ninfa, Pérside, Evodia, Síntique.** También los matrimonios de **Aquila** y **Prisca,** y posiblemente **Andrónico** y **Junias.** Había de todas las clases sociales: ricos como **Filemón** o esclavos como **Onésimo.** También los tuvo judíos y no judíos: **Bernabé, Tito, Silas** y **Trófimo.**

El apóstol Pablo habló en varias cartas de cómo sus amigos y siervos en el ministerio le habían ayudado en momentos difíciles. Silas acompañó a Pablo en la cárcel de Filipos y su compañía le ayudó a superar esta dura prueba (Hch 16.11–40).

Cuando estuvo preso en Roma también contó con fieles colaboradores y consiervos que le ayudaron, como describe al final de Colosenses: «Aristarco, mi compañero de prisiones, os saluda, y Marcos el sobrino de Bernabé, acerca del cual habéis recibido mandamientos; si fuere a vosotros, recibidle; y Jesús, llamado Justo; que son los únicos de la circuncisión que me ayudan en el reino de Dios, y han sido para mí un consuelo» (Col 4.10–11)

A lo largo de nuestro ministerio encontraremos algunas personas que nos dañen o traicionen, pero sin duda Dios pondrá a otros que nos ayuden y favorezcan.

El reconocimiento de otros

Pablo era un hombre orgulloso y tenía por qué serlo. Poseía una formación teológica superior al resto de los apóstoles, su maestro había sido Gamaliel. Este rabino fariseo era doctor de la ley además de uno de los miembros del Sanedrín, el consejo judío que gobernaba al pueblo en época de Jesús. Los padres de Pablo eran lo suficientemente ricos para comprar la ciudadanía romana, por lo que él era romano de nacimiento. Pero a pesar de todo esto, el apóstol Pablo se presentó ante los ancianos de Jerusalén, para exponer el evangelio que predicaba a los gentiles, como él dice, para no haber corrido en vano.[5] Pablo supo someterse a los que le habían precedido en el Señor, a pesar de ser el escritor de la Biblia más usado por el Espíritu Santo y el conformador de las doctrinas cristianas por su gran conocimiento de la ley y las enseñanzas de Jesús.

Necesitamos estar en contacto con otros líderes. Es bueno, es sano y cada vez más necesario. Uno de los problemas que está dañando seriamente a la iglesia en la actualidad es el aislamiento de muchos líderes. Unos lo sufren por timidez, desconocimiento o falta de recursos cercanos para abrirse a otros. Pero, por desgracia, otros lo tienen por creerse superiores y no aceptar autoridad de parte de nadie.

Estamos en la nueva era posdenominacional, como el doctor Peter Wagner defiende, que no rinde cuentas a nadie y que se parece más al sacerdocio del Antiguo Testamento que al servicio cristiano inspirado en las enseñanzas de Cristo.

El giro del neoapostolismo

En mayo de 1996 se celebró en el Seminario de Teología Fuller, en Pasadena, California, el encuentro titulado: «Simposio Nacional sobre la Iglesia Posdenominacional». El mismo Wagner impartió su propia unción apostólica orando por dieciocho apóstoles.

Wagner creía que era el momento de que las denominaciones desaparecieran, influido como estaba con las ideas del posmodernismo, contrarias a cualquier tipo de estructura, control o limitación.

Wagner ponía el acento en que la iglesia iba a entrar en una nueva era de liderazgo, más basado en el Antiguo Testamento que en el Nuevo. Se quitaba de un plumazo «el sacerdocio universal» de los creyentes, también desaparecía el modelo del cuerpo y el pastorado espiritual; el líder era el único que tenía la visión, su visión era indiscutible, de él manaba la palabra profética y la dirección de la iglesia. Este modelo no tenía cabida en el Nuevo Testamento, por eso se apoyó en el modelo de Moisés, el rey David y otros líderes de la Biblia.

Wagner escribió un libro con sus ideas, titulado *The New Apostolic Churches* [Las nuevas iglesias apostólicas], en el que decía que las nuevas iglesias tendrían las siguientes características:

1. **No eran pentecostales ni carismáticas, se debían llamar iglesias apostólicas.**

2. **Los líderes tendrían que llamarse apóstoles, con una autoridad indiscutible.**

3. **Los nuevos líderes se forman en la misma iglesia, no en seminarios ni institutos bíblicos.**

4. **El líder se concentra en la visión** y no debe mirar nunca al pasado.

5. **Un nuevo estilo de adoración, más dirigida y en la que los miembros** participan de forma pasiva en la alabanza.

El nuevo apostolado está creando mucha confusión alrededor, ya que muchos lo toman como una jerarquía superior y no como un ministerio,[6] que es lo que indica el texto de Efesios que enumera los ministerios dados por Dios a la iglesia. Si un apóstol es un fundador de iglesias, no hay problema, lo malo es cuando de esto se infiere que este grupo tiene una unción especial o se compara con los apóstoles que Jesús eligió. De hecho, uno de los requisitos que la Biblia indica para poder ser apóstol, para formar parte del colegio de los doce, es haber estado con Jesús. La única excepción es el apóstol Pablo, que también vio a Cristo resucitado en el camino de Damasco.

Hombres solitarios

Es triste ver a muchos pastores solos. Personas que no tienen a otros colegas cerca con los que compartir las alegrías y tristezas del ministerio. A veces no es por falta de foros, ya que muchas denominaciones y algunos ministerios paraeclesiales crearán dichos foros, pero más bien para sobrecargar con más trabajo a los pastores.

Ya comenté mi conversación con un líder denominacional sobre la necesidad de formar, apoyar y estimular a los pastores. De poco o nada sirve traer predicadores de éxito, como ya hemos mencionado, que le recuerden más sus propias limitaciones y sus circunstancias adversas.

En los últimos años van naciendo ministerios para restaurar, animar y consolar a los pastores. De esta manera impediremos que muchos de ellos tiren la toalla o ejerzan sus ministerios tristes, desorientados y desmotivados.

Mientras esa red de pastores y predicadores va extendiéndose, nosotros podemos hacer algunas cosas para cubrirnos por medio de hermanos maduros en la fe que nos apoyen en oración y nos den una visión fresca del ministerio.

Buscando consejeros

A medida que me hago mayor, necesito encontrar más personas que me ayuden y aconsejen. La sociedad y parte de la iglesia piensan que es justamente al revés, pero si realmente hemos madurado en estos años de ministerio nos habremos dado cuenta de que las decisiones que tenemos que tomar implican a personas y que a veces no son fáciles.

Recuerdo que, ante la tesitura de si pastorear o no una iglesia que se había quedado sin pastor, comenté el caso a un pastor reconocido y buen amigo mío. La situación de la iglesia era difícil y, tras explicarle detenidamente el caso, aquel hombre me miró a los ojos y me dijo: «Yo si fuera tú no lo haría, será mejor que digas que no».

Las palabras de mi amigo me sorprendieron, pensaba que era el tipo de persona que ante la necesidad te anima a dar un paso al frente, pero él, con mucha más experiencia que yo, sabía que esa situación no podía resolverla y que terminaría quemándome como pastor y dañando a mi familia.

Consulté a otro hermano, pastor y amigo, que me comentó casi lo mismo con algunos matices.

En la actualidad pido consejo en muchos aspectos profesionales y personales de mi vida. También cuando tengo que aconsejar yo mismo lo pienso mucho, lo consulto con la almohada, con mi esposa y con algún hermano maduro.

Está claro que el Espíritu Santo y la oración son las dos armas que Dios nos ha dado para que recibamos consejo. También la Palabra de Dios es nuestra ayuda en momentos de encrucijadas y decisiones, pero afortunadamente Dios pone también a las personas adecuadas a nuestro lado.

Cuando Saulo se quedó ciego, Dios mandó a su lado a Ananías para que orara por él y le guiara en los primeros pasos de la fe.[7]

Tenemos que buscar esos pastores amigos de confianza a los que abrir nuestro corazón.

José Luis Navajo, en su libro *Lunes con mi viejo pastor,* nos habla de esa necesidad de buscar mentores, personas a las que respetamos, que ya han pasado por las experiencias que nosotros estamos atravesando y pueden ayudarnos en los baches o decisiones difíciles.

Características del mentor

El mentor que busquemos tiene que reunir una serie de características que nos garanticen que hemos dado con la persona adecuada.

1. En primer lugar, **dicha persona tiene que tener una larga experiencia en el ministerio pastoral**. No buscamos personas perfectas, no las hay, pero sí sabemos que Dios ha utilizado a otros antes que a nosotros y ellos han aprendido lecciones que nosotros todavía no hemos aprendido. Eso no significa que tenga que ser un anciano ni estar jubilado.

2. En segundo lugar, **nuestro mentor tiene que ser de nuestro mismo sexo**. Hay ciertos temas y situaciones que una persona de otro sexo no podrá entender. Las experiencias y vivencias muchas veces son distintas.

3. En tercer lugar, la persona tiene que tener **cierta sintonía doctrinal**. No hace falta que pertenezca a la misma denominación, pero hay experiencias espirituales y formas distintas en los diferentes grupos cristianos.

4. En cuarto lugar, el mentor tiene que ser **una persona madura,** discreta y comprensiva. La edad no implica madurez, tampoco discreción o confidencialidad.

5. En quinto lugar, **un buen mentor tiene que tener un buen conocimiento de la Palabra de Dios y del mundo**. No hace falta un doctor en Teología, pero sí alguien que pueda sacar de la Palabra de Dios enseñanzas prácticas para la vida cotidiana.

6. En sexto y último lugar, **la persona debe estar cerca y tene-
    mos que poder acceder a ella de manera fácil.** No es un buen
    mentor alguien que está a miles de kilómetros, a pesar de que
    las nuevas tecnologías puedan acercarnos más que antes a las
    personas. Además, a las personas que viven en otras realidades
    culturales, países, etc., les costará mucho más ponerse en nues-
    tro lugar.

Una cosa que nunca hemos de olvidar es que el mentor nos escucha
y, en ocasiones, nos aconseja, pero que la decisión es siempre nuestra.

Recuerdo un caso en el que la persona dudaba si dedicarse o no a
tiempo completo a la iglesia. Alguien le aconsejó que sí y, cuando las cosas
no salieron bien, aquel hombre pensaba que la culpa era de su consejero.

El mentor no es la persona que toma decisiones por nosotros, simplemente nos escucha, anima, comprende y aconseja.

La gente joven

A los jóvenes no les resulta fácil escuchar a los mayores. Siempre hay
cierta arrogancia en la juventud que nos hace creer que lo sabemos todo.
Yo también he sido joven y sé que eso en ocasiones puede resultar un
problema, aunque tal vez los jóvenes necesiten pasar por ciertas experiencias para madurar.

La edad y la experiencia están muy devaluadas en nuestra sociedad.
Algo que no había pasado nunca en la historia de la humanidad. El culto a lo nuevo y a la tecnología nos hace olvidar que, si algo somos o algo
sabemos, es el resultado de miles de años de experiencias.

La gente necesita modelos aunque no quiera reconocerlos, pero a
veces los busca en el lugar equivocado. Muchos creen que el modelo es
la persona exitosa, pero no se dan cuenta de que tienen personas a su
alrededor que pueden enseñarles mucho sobre la vida o el ministerio.

Mientras imparto mis clases en la Facultad de Teología en Córdoba
(España) siempre intento que mis alumnos aprendan más sobre la vida

y las decisiones que esta nos lleva a tomar que sobre la historia. Sin embargo, la historia es una muestra de diferentes ejemplos para la vida. Dios siempre se la recordó al pueblo para que aprendiera de sus errores.

Buscando a otros iguales a ti

Las ciudades de nuestro mundo necesitan que los pastores se unan para trabajar y orar juntos. Esa fraternidad traerá el avivamiento que muchos países necesitan. De esa manera cesarán rivalidades, envidias, desconfianzas y celos inútiles. Imagino que puede preguntarse: «¿Quién va a conseguir eso? Es tan difícil unir a todos en un mismo propósito...». Pues Dios te va a utilizar a ti. Él pondrá la carga en tu corazón, después la visión y por último las fuerzas para hacerlo.

Cuando Dios llamó a Gedeón, este se consideraba el más pequeño de la tribu más pequeña de Israel.[8] Una persona pobre, a la que nadie iba a escuchar. Lo mismo hemos visto con David, también con muchos de los profetas usados por Dios.

Dios quiere que nos unamos a su Pueblo y que juntos conquistemos reinos en su nombre. Los llaneros solitarios siempre terminan mal, están fuera de la voluntad de Dios. Se creen demasiado buenos, suficientes y capaces, pero Dios está buscando Gedeones, personas insignificantes para el mundo, pero grandes para él.

¿Estarás dispuesto a salir de tu soledad y arriesgarte?

CONCLUSIONES DEL CAPÍTULO

1. El aislamiento no es bueno para los líderes. El diablo utiliza la soledad para debilitarnos y destruirnos. Debemos, en la medida de lo posible, estar en paz con todos y no juzgar a otros siervos de Dios.

2. Vivimos en una sociedad competitiva que está trayendo esa filosofía a la iglesia. A veces pensamos que es mejor que a otros les vaya mal para que a nosotros nos vaya bien. Pero ese no es el plan de Dios. Todos

somos soldados de un mismo ejército y estamos luchando la misma batalla.

3. Los ministerios personalistas están lejos de la voluntad de Dios. No se puede rendir culto al líder, Dios es un Dios celoso y él merece toda la gloria. Frente a los movimientos que buscan esa exaltación, los siervos de Dios debemos proponer un servicio de amor y sometimiento mutuo.

4. Aunque de los mentores hablaremos en el próximo capítulo, en este hemos definido algunos de sus rasgos. Repasemos esos rasgos y pensemos en qué personas que conocemos pueden cumplirlos.

5. Busquemos fomentar la unidad y apoyarnos los unos en los otros. Procure que en su ciudad se produzca un movimiento de hermandad y comunión entre los líderes. Eso bendecirá grandemente su vida, su ministerio y su ciudad.

Capítulo 10

NO CONFÍO EN NADIE

Donde no hay dirección sabia, caerá el pueblo; Mas en la multitud
de consejeros hay seguridad.

—Proverbios 11.14

El líder y su mentor

Cuando pienso en un mentor, siempre recuerdo la escena de Jesús y Pedro en mitad del mar. Jesús había dejado solos a sus discípulos después de unas jornadas agotadoras y les había ordenado que cruzaran el mar mientras él despedía a la gente. La multitud seguía a Jesús porque querían hacerle rey, al ver que él podía cubrir sus necesidades materiales. Además la noticia de la muerte de su primo le debía de haber afectado mucho, sobre todo por la forma tan cruel e injusta en la que lo habían asesinado. Después de estar orando, Jesús sabe que algo anda mal con sus discípulos y va a ellos en medio de la tempestad.

Jesús se les aparece y su sola presencia los tranquiliza. Pedro, el más impulsivo, quiere sentir la experiencia de caminar sobre las aguas, pero al poco rato se hunde y Jesús tiende su mano y calma la tempestad.[1]

Pedro se mete en las aguas

Es curioso que mientras que Jesús camina sobre las aguas para ir a ayudar a sus discípulos, ya que él prefería no tentar al Señor infringiendo las leyes naturales como el diablo le pidió en el desierto (Mt 4.1–11), Pedro quiere simplemente tener una experiencia espiritual.

Nunca debemos buscar experiencias espirituales, lo que tenemos es que pedir a Dios que él nos revista de poder y autoridad, que nos use y utilice a pesar de nuestras debilidades, porque si no seremos eternos buscadores de experiencias. Muchos corren de una parte a la otra del mundo buscando experiencias y poder. Se parecen a esos hombres y mujeres que llevan siglos viajando a Tierra Santa para encontrarse con su experiencia espiritual, pero no han entendido que Dios no quiere darnos eso, quiere llenarnos de su poder para que hagamos su misión.

Cuando buscamos experiencias terminamos hundiéndonos, únicamente la mano de Jesús nos mantiene a flote.

Es necesario que en las zozobras de la vida sigamos aferrándonos a Jesús, pero él también utilizará a personas cercanas, que él ha puesto a nuestro lado para ayudarnos.

El mentor por excelencia es Jesús, pero también tenemos un modelo humano en Pablo, que en dos magistrales cartas apostólicas le explica a Timoteo algunos consejos que nos ayudarán en nuestro desarrollo como líderes.

La dura batalla

Timoteo era un pastor joven, con todo lo que eso conlleva en la vida y el gobierno de la iglesia, que recibió los consejos de alguien que había pasado experiencias muy difíciles y a pesar de todo no había tirado la toalla. La descripción que el apóstol Pablo hace de su ministerio no puede ser más significativa de la dureza del ministerio cristiano. Sin duda, estas palabras no parecen un estímulo a todos aquellos que quieren entrar en el servicio a Dios, pero ya que hay muchos libros que hablan de las bondades del servicio cristiano, permítanme que el apóstol nos describa el otro lado:

> Antes bien, nos recomendamos en todo como ministros de Dios, en mucha paciencia, en tribulaciones, en necesidades, en angustias; en azotes, en cárceles, en tumultos, en trabajos, en desvelos, en ayunos; en pureza, en ciencia, en longanimidad, en bondad, en el Espíritu Santo, en amor sincero, en palabra de verdad, en poder de Dios, con armas de justicia a diestra y a siniestra; por honra y por deshonra, por mala fama y por buena fama; como engañadores, pero veraces; como desconocidos, pero bien conocidos; como moribundos, mas he aquí vivimos; como castigados, mas no muertos; como entristecidos, mas siempre gozosos; como pobres, mas enriqueciendo a muchos; como no teniendo nada, mas poseyéndolo todo.
> (2 Corintios 6.1–10)

Si el apóstol nos describe con estas palabras la situación de muchos ministros de Dios, también nos da un perfil claro del mentor que nos conviene. Necesitamos personas que nos ayuden en el pastoreo, que hayan atravesado todas estas penalidades por amor a Cristo y que a pesar de todo pueden decir: «Todo lo puedo en Cristo que me fortalece» (Fil 4.13).

El referente del éxito

No es malo para el pastor o líder tener referentes de éxito. Pablo, que a pesar de lo dicho anteriormente fue un hombre de éxito en el ministerio, nos exhorta a que le imitemos a él, como él imita a Cristo.[2] Lo malo es cuando en el modelo del éxito no vemos su parte oscura, las derrotas y problemas que muchos de esos líderes han atravesado.

Si hacemos mención a los de la Biblia vemos a un Abraham que tiene que ir a Egipto para poder subsistir, que no sabe guiar a su sobrino Lot y que fracasa en su intercesión por Sodoma. Conocemos el fracaso de Isaac como padre y esposo. Sabemos de la desastrosa vida de Jacob, que al final logra abandonar la casa de su suegro, pero que sigue arrastrando las cargas de su juventud y transmite a sus hijos las diferencias de trato, que él mismo había recibido de su madre. Esto hace que el resto de sus hijos odien a José, el preferido. ¿Qué decir de la vida de Moisés, Josué, los jueces y los primeros reyes de Israel? Muchos de ellos tuvieron que vencer su lado oscuro, aunque ahora resaltemos la parte positiva de su vida.

Nuestro mentor no ha de ser perfecto, pero tiene que haber pasado por las duras pruebas de la vida, para que pueda ayudarnos.

Lo que no hace un mentor

¿En qué fallaron los amigos de Job cuando fueron a consolarle? Casi todos los comentarios de los amigos de Lot tenían la intención de juzgarlo y condenarlo. Ya hemos comentado que Dios no nos llama a ser jueces de nadie. Los amigos de Job creían que lo que le sucedía a su amigo era la consecuencia del pecado y, por más que él les juraba que no había hecho nada contra Dios, ellos no le creían.

1. **Un mentor nunca debe juzgarnos.** Sería injusto que aquel ante el que abrimos nuestro corazón, nos hacemos más vulnerable y confiamos, sea el que nos condene y juzgue.

2. **Un mentor siempre se pone en nuestro lugar.** La empatía, que la Biblia llama compasión, es el mecanismo que Dios nos ha dado para ponernos en la piel del otro. La palabra compasión ha sido mal usada e interpretada, pero significa literalmente «sufrir juntos».[3]

3. **Un mentor no cuenta tus problemas a otros.** La discreción debe ser la seña de identidad del mentor.

4. **Un mentor buscará sabios consejos de su propia experiencia y de la Palabra de Dios,** aunque entenderá que su vida y circunstancias son diferentes a las tuyas.

Antes de tomar cualquier decisión importante a nivel familiar o de liderazgo, debemos preguntar a varias personas, además de a nuestro mentor. Algunas de estas pueden estar bajo nuestra responsabilidad, pero no todas, ya que las personas que dependen de nosotros emocionalmente no son siempre tan ecuánimes como podrían ser.

Pablo a Timoteo

Las cartas de Pablo a Timoteo, como ya hemos comentado, son un ejemplo claro de alguien que se convierte en el mentor de un discípulo más joven.

La forma natural de conseguir un mentor es buscar a alguien que te ha orientado o ayudado en tu formación como pastor o líder. El apóstol Pablo conocía a Timoteo desde niño y sabía perfectamente sus virtudes y defectos.

Una de las primeras cosas que hace Pablo en sus cartas es orientar a Timoteo doctrinalmente, también él mismo se pone como ejemplo, para que su discípulo entienda lo que le quiere transmitir.

Pablo dedica todo el capítulo 2 de su epístola a darle instrucciones sobre la oración. La oración es la columna vertebral de nuestra vida espiritual y la que nos puede fortalecer en momentos de debilidad.

Los más interesante de la epístola es que Pablo también le aconseja cómo elegir a sus colaboradores, ya sea para tareas espirituales o administrativas.

Sin embargo, podríamos decir que el centro de los consejos de Pablo a su discípulo Timoteo está al final del capítulo 4:

Ninguno tenga en poco tu juventud, sino se ejemplo de los creyentes en palabra, conducta, amor, espíritu, fe y pureza. Entre tanto que voy, ocúpate en la lectura, la exhortación y la enseñanza. No descuides el don que hay en ti, que te fue dado mediante profecía con la imposición de las manos del presbiterio. Ocúpate en estas cosas; permanece en ellas, para que tu aprovechamiento sea manifiesto a todos. Ten cuidado de ti mismo y de la doctrina; persiste en ello, pues haciendo esto, te salvarás a ti mismo y a los que te oyeren. (1 Ti 4.12–16)

Consejos prácticos

1. El **primer consejo** de Pablo es que nadie puede cuestionarte por las cosas intrínsecas de tu vida (juventud, salud, defectos físicos, etc.).

2. El **segundo consejo** de Pablo es que lo que te da la autoridad no es un título, es tu testimonio hacia los demás. Mostrando cualidades como buena palabra, buena conducta, amor, fe, buen espíritu y pureza.

3. El **tercer consejo** es que seas constante en el aprendizaje, no dejes de formarte y aprender más de la Palabra de Dios.

4. El **cuarto consejo** es que no olvides el don de Dios que está en ti. También podrías llamarlo vocación o llamamiento.

5. El **quinto consejo** y último es que cuidemos de la doctrina. Siempre tenemos el peligro de alejarnos de la verdadera doctrina de la fe y la salvación.

La epístola de la advertencia

El apóstol Pedro también hace un gran trabajo como mentor en sus epístolas, pero permítanme un comentario somero de la segunda carta de Pedro.

Predicaba hace poco en mi iglesia sobre la segunda epístola de Pedro y sobre no tirar la toalla en mitad de la lucha. El apóstol estaba seguramente encerrado en la cárcel al escribir la segunda carta, Dios le había revelado que moriría pronto por la persecución desatada contra los cristianos de Roma, pero él persiste en los consejos prácticos a los cristianos.

En el primer capítulo, Pedro muestra la importancia de su testimonio y de la profecía para atestiguar la verdadera enseñanza de Jesús, mientras lucha contra doctrinas falsas que se han ido introduciendo en la iglesia en aquel tiempo (2 P 1.12–21). En el capítulo segundo, Pedro amonesta a los cristianos para que tengan cuidado con los falsos profetas. En la primera epístola ya ha dado algunas pautas de los verdaderos siervos de Cristo, pero en este capítulo intenta dar un perfil de lo que no es un siervo de Cristo:

1. La **primera advertencia** es que habrá **falsos maestros**.[4] Dando un breve repaso por internet podemos ver unos cuantos falsos maestros que enseñan doctrinas falsas. Por su causa es blasfemado también en la actualidad el camino de la verdad.[5]

2. La **segunda advertencia** es que estos se han convertido en falsos profetas **por la avaricia,**[6] el deseo de ganar dinero deshonesto en nombre de Dios. Tenemos que cuidar nuestras intenciones y saber que servimos a Dios de corazón.

3. La **tercera advertencia** es que el carácter de esta gente es el **atrevimiento y la obstinación en el error.**[7] Dios es misericordioso, pero no perdona la arrogancia ni el orgullo, porque este tipo de personas no son capaces de arrepentirse de sus malos caminos y arrastran a otros.

4. La **cuarta advertencia** es que esta gente **cree saberlo todo** y son sabios en su propia opinión.[8]

5. La **quinta advertencia** es que **son vanidosos y materialistas.**[9] Su recompensa será ese aplauso que buscan de los hombres y el dinero que les sacan para gastar en sus deleites.

6. La **sexta advertencia es que su discurso es vacío** y no produce libertad espiritual.[10]

Si seguimos esto consejos estaremos bajo la mentoría de Dios mismo, aunque siempre podremos acudir a aquellas personas de confianza que no se han dejado llevar por estas clases de comportamiento. Espero que Dios nos dé discernimiento para conocer y reconocer a los falsos profetas de nuestro tiempo.

CONCLUSIONES DEL CAPÍTULO

1. Jesús fue el mejor mentor de la historia. Enseñó de manera práctica a sus discípulos cómo vivir la fe. En el ejemplo práctico de caminar sobre las aguas, Jesús enseñó a Pedro que no debía buscar experiencias espirituales, que nunca sacian, sino pedir a Dios poder para llevar a cabo su obra.

2. Pablo fue un ejemplo de persistencia a pesar de la soledad. Sabiendo que, aunque pasó por situaciones difíciles, siempre estuvo cerca de Dios y de personas que le sostuvieron en oración.

3. Podemos seguir los modelos de éxito, pero sabiendo que hay un precio que pagar y que nuestro éxito no es el del mundo. Todos los siervos de Dios sintieron la soledad del liderazgo, pero lograron superarla por la oración y la confianza en Dios.

4. Los mentores tienen que ayudarnos no juzgarnos, Pablo realizó un claro trabajo de mentor con Timoteo del que podemos aprender mucho.

5. El apóstol Pedro, en su segunda epístola, nos advierte del antimodelo. Los falsos profetas alguna vez fueron verdaderos, pero la corrupción del mundo les llevó a alejarse de Dios, predicando su propio mensaje egocéntrico y materialista. Andemos advertidos de ese comportamiento, para no caer en el mismo.

Tercera parte

RESTAURANDO TU LIDERAZGO: EL MODELO

Capítulo 11
AFIRMÓ EL ROSTRO

Cuando se cumplió el tiempo en que él había de ser recibido
arriba, afirmó su rostro para ir a Jerusalén.

—LUCAS 9.51

Afrontar el problema

Hasta hace muy poco no había caído en la expresión («afirmó su rostro») que utiliza Lucas en el texto que encabeza este capítulo. Nuestro Maestro y Señor tuvo que enfrentar las mismas cosas que nosotros, pero sin pecado,[1] como dice su Palabra. En muchas ocasiones difíciles, cuando tenemos que afrontar los grandes problemas de la vida, en lugar de «afirmar el rostro», lo agachamos o miramos para otro lado.

Podríamos decir que afirmar el rostro es mirar a las cosas cara a cara. Enfrentarnos a la realidad de nuestra vida o nuestra misión, dejarnos de excusas y enfrentarnos a nuestro destino.

Un pastor que conozco, ante la tesitura de dejar el pastorado o continuar de una manera precaria, decidió continuar con su trabajo como pastor principal. Podríamos pensar que eso es afirmar el rostro, confirmar el llamamiento o mantenernos firmes a la adversidad, pero en este caso no lo era. Su decisión estaba en contra de algunas enseñanzas de la Biblia y, aunque no tenía pecados groseros ni era una mala persona, en su caso afirmar el rostro era enfrentar su problema.

Jesús afirmó el rostro para cumplir la voluntad de Dios

Observemos que el texto dice que Jesús afirmó el rostro cuando supo que el tiempo había llegado. Él estaba atento a los tiempos. Nos dice el libro de Eclesiastés que hay un tiempo para cada cosa. A veces lo que hacemos o intentamos hacer no es malo de por sí, pero no está dentro del tiempo de Dios.

Recuerdo que siendo muy joven fundé una asociación cristiana encargada de investigar la historia de la iglesia. Creamos una revista y, con el apoyo de Dios, logramos consolidarla y difundirla. En aquel momento, se estaba formando la organización cristiana que iba a englobar a todas las iglesias de mi región. Ilusionado, me presenté en una de las reuniones de la asamblea de aquella organización con un proyecto bajo el brazo. Cuál no fue mi sorpresa al ver que los que dirigían la organización no me permitieron presentar el proyecto. En aquel momento no lo entendí, ¿por qué Dios me había apoyado hasta ese momento, pero había permitido que el proyecto desarrollado no se pudiera llevar a cabo? Ahora sé que no era el tiempo de Dios. Unos veinte años después estuve en el puesto directivo de esa organización poniendo en práctica algunas de las cosas que había intentado hacer veinte años antes.

¿Cuál es el tiempo de Dios? Es difícil descubrirlo, pero cuando nuestro reloj se sintoniza con el de Dios todo parece encajar y funcionar a la perfección.

Jesús discernía los tiempos

Para distinguir el tiempo de Dios debemos ser como Jesús. Él usó dos brújulas infalibles para conocer el tiempo de Dios.

1. La primera brújula es la Palabra de Dios. Jesús sabía que en ella se encontraba la verdad y que ella señalaba las profecías sobre su propia vida: cómo y dónde debía morir y cuál era su misión en la tierra.

Te dirás: «Para Jesús era fácil, pero de mí no hablan las profecías y mi misión en el mundo no parece tan clara como la de Jesús».

Nosotros tenemos una misión, un llamamiento y tiempo que cumplir, aunque a veces no nos demos cuenta.

La Palabra de Dios nos va a dar las pautas de la misión. Nuestra misión como creyentes, pero aún más como pastores, es ir y predicar el evangelio a toda criatura.[2] Todo lo que nos aleje de esa misión no puede estar en sintonía con el tiempo de Dios.

Recuerdo a un pastor que conocí. Tras una hermosa labor tuvo que ser disciplinado y dejar el ministerio momentáneamente. Después de unos años restableciendo su vida personal y familiar, comenzó a dirigirse de nuevo a su misión como pastor, pero su esposa, tal vez por las malas experiencias anteriores, no quiso que él volviera a involucrarse a ese nivel. Al final, aquel hombre montó un negocio que arruinó su trabajo, rompió su familia y quebró su salud. Sin querer, se había alejado de la misión que tenía para su vida.

Otros se alejaron del plan de Dios y su misión por un bache en el camino, un mal testimonio, desengaños o problemas personales. Muchas veces, las iglesias que habían pastoreado no supieron ayudarles en esos momentos cruciales, cuando hubieran tenido que afirmar el rostro e ir a su Jerusalén particular.

2. La segunda brújula que tenía Jesús era el discernimiento. La sintonía perfecta con la voluntad de Dios y el Espíritu Santo se alcanza por medio del discernimiento. Si algo falta en nuestro siglo es discernimiento. Un don que viene de parte de Dios y nos ayuda a distinguir lo que es de él y lo que no lo es.

El discernimiento es el «juicio por medio del cual percibimos y declaramos la diferencia que existe entre varias cosas». Ese discernimiento nos ayuda a distinguir lo que es bueno de lo que es malo, pero no en un sentido puramente moral, sino midiendo el tiempo en el que esa cosa o problema se plantea.

El discernimiento no habla, pues, de lo bueno o malo moralmente, sino más bien de lo que es bueno o malo según Dios para determinado momento de la vida. Recuerdo el caso de una joven que, atraída por un buen trabajo, dejó su carrera, y al final se fue a vivir con su novio. Aquel trabajo le minó la salud y rompió su relación personal. Gracias a Dios, no consiguió apartarla de su camino con Cristo, y es ahora una sierva suya. En ese momento, aquella persona no supo discernir.

El peligro de deslizarse

La Biblia nos habla de que tengamos cuidado con deslizarnos. El escritor del libro de Hebreos nos advierte de la facilidad con la que nos podemos deslizar.[3]

El mayor peligro que tenemos muchos de nosotros como líderes no es hacer el mal, sino querer hacer el bien que no nos corresponde.

Es importante buscar el tiempo de Dios y no el nuestro.

Cuando salí de una de las iglesias en las que había ejercido el ministerio con la intención de comenzar una obra nueva, a los pocos meses quería ponerme manos a la obra, pero no era el tiempo de Dios. Me sentía presionado por mí mismo, por lo que iban a pensar otros pastores a los que conocía, también afanado por ejercer de nuevo el ministerio y poner en práctica mis dones, pero Dios sabía que no era el tiempo.

¿Cómo podemos discernir los tiempos?

1. **La primera cosa que vi que decía que no era el tiempo era que mis fuerzas y ánimo no estaban restaurados.** A pesar de dejar la otra obra en buenas manos y de haber salido bien de la iglesia, el tener que dejar una labor realizada durante casi quince años me había afectado emocionalmente. Echaba de menos a los hermanos, sentía que no encajaba en otro sitio y me veía perdido. ¿Cómo iba a dirigir a otros en esa condición?

2. **La segunda cosa que observé es que mi esposa no estaba dispuesta en ese momento.** El ministerio es cosa de dos, como veremos en un próximo capítulo. Si su pareja no quiere o no ve que es el momento, será mejor que no lo intente. Fracasará en el ministerio y seguramente también en su matrimonio.

3. **La tercera cosa que vi era que me necesitaban más en otro lugar.** Podía ayudar y bendecir a gente, aunque durante un tiempo no tuviera el cargo de pastor. Esa etapa me ayudó a despegarme de los nombres y los cargos, también a ponerme en el lugar de un creyente de a pie y observar desde el otro lado los errores que cometemos como líderes.

4. **La cuarta y última cosa es que discerní que, cuando es el tiempo de Dios, él pone los medios y las situaciones necesarias.** Dios es un Dios de orden, él sabe cómo hacer las cosas.

Durante años he visto a muchos pastores deslizarse por la escurridiza plataforma del deseo de gobernar la iglesia, satisfacer o buscar la aprobación de las personas, pero eso siempre acaba mal.

No hay caminos de rosas

No hay atajos para servir a Dios ni caminos de rosas. Siempre es difícil e incómodo, por eso tenemos que estar en forma y vestidos con la armadura de Dios. No olvidemos que si la vida cristiana es una lucha espiritual, el servicio a Dios es luchar en primera línea.

¿Qué nos sucederá si no vamos bien pertrechados? Veamos algunos consejos al respecto.

1. **Caminemos en la autoridad de Dios.** No podemos hacer las cosas en nuestras propias fuerzas. El apóstol Pablo les comenta a los corintios que «el reino de Dios no consiste en palabras, sino en poder» (1 Co 4.20). El poder de Dios se obtiene en la oración y por medio de una vida consagrada.

2. **Tengamos nuestra vida en orden.** El orden es muy importante, porque hace que nos enfoquemos mejor en los problemas y trabajos a realizar. No podemos servir a Dios si no estamos gobernando bien nuestra familia o tenemos problemas con nuestra pareja. Nuestro deber, como ya hemos comentado, es poner en orden nuestra vida familiar.

3. **Conozcamos a nuestro enemigo.** Además de la carne y el mundo, nuestro mayor enemigo es el diablo. Nuestra lucha no es contra carne ni sangre, pero si no tenemos discernimiento puede que estemos golpeando el aire. La guerra espiritual, dentro de los cánones bíblicos, es una fuente de lucha constante en los líderes.

¿Cómo identificó Jesús el tiempo?

Ya hemos comentado que Jesús estaba en sintonía con el Padre y conocía las profecías, pero también distinguió las señales de su propia vida y ministerio.

Poco antes de que Jesús afirmara el rostro, sus discípulos le anunciaron la muerte de Juan, él ya supo que sería la próxima víctima del poder civil y religioso.[4]

Muchas veces tenemos la realidad delante de nosotros, pero no podemos verla. ¿Ves que los miembros de tu iglesia no te apoyan? ¿Crees que tus decisiones pueden dividir tu iglesia? ¿Has dejado de ser el referente moral de tu congregación? ¿Necesitas ser restaurado? Tienes que identificar el tiempo de Dios y saber retirarte a tiempo.

Jesús vio en el milagro de la multiplicación que la gente comenzaba a verle como rey, cosa que pondría furiosas a las autoridades, que temían que Roma pudiera inmiscuirse, pero que además hacía que se cumplieran las profecías.

Es curioso que durante el capítulo 9 de Lucas Jesús anuncie dos veces su muerte (Lc 9.21–27; 43–45). Está preparando a sus discípulos y ellos se ponen a discutir cuál de ellos sería el mayor (Lc 9.46–48).

Jesús se sentía tremendamente solo, ni sus propios discípulos eran capaces de entender los tiempos de Dios.

Ante las decisiones que tienes que tomar para cumplir el plan de Dios y estar en hora con tu tiempo, mucha gente no te va a entender. Algunos te animarán a seguir, cuando en realidad tienes que dejarlo o comenzar en otro sitio. Otros te dirán que no es el tiempo, cuando realmente sí lo es. Recuerda que la Palabra de Dios y el discernimiento serán tus guías en este momento de dificultad para su vida.

A pesar de que sabía lo que tenía que hacer, Jesús sufrió un gran estrés ante su muerte. Después de su oración en el monte de los Olivos, sabía que sería humillado, golpeado, crucificado y expuesto al mundo. Pero como era consciente de su misión y el sacrificio que Dios mismo le pedía, llegó hasta el fin.

Tenemos a Jesús mismo como modelo de cómo afrontar la soledad a la hora de tomar decisiones trascendentes para nuestra vida y ministerio. Busca el tiempo de Dios, no olvides que de ello depende tu vida, familia y ministerio.

CONCLUSIONES DEL CAPÍTULO

1. Afirmar el rostro es encarar los problemas y saber cuándo es el tiempo de Dios. Para ello tenemos las brújulas de la Palabra de Dios y el discernimiento por medio de su Espíritu Santo.

2. Nosotros debemos saber cuál es nuestra Jerusalén particular, cuál es la misión que el Señor quiere que hagamos y obedecer a Dios, aunque su plan no coincida con el nuestro. No tenemos que hacer simplemente el bien, tenemos que hacer el bien en sintonía con lo que Dios quiere.

3. Debemos tener cuidado de no deslizarnos. Normalmente no nos separamos de un día para otro de la voluntad de Dios, sino al tomar decisiones que nos alejan de su voluntad, movidos por nuestros deseos y ambiciones.

4. Para continuar como pastores y líderes debemos considerar cómo estamos pertrechados. Debemos andar en el poder de Dios, que conseguimos a través de la oración, de tener nuestra vida en orden y de saber que el diablo es nuestro enemigo espiritual.

5. Jesús identificó que era su tiempo, porque vio la realidad que le rodeaba. Sabía que era el próximo objetivo de los poderosos, que el pueblo comenzaba a verle como rey y que debía morir en la cruz. Por eso preparó a sus sucesores. Reconoce las señales de tu iglesia y si es tiempo de salir o quedarse.

Capítulo 12

«OS HE LLAMADO AMIGOS»

Porque yo Jehová soy tu Dios, quien te sostiene de tu mano derecha, y
te dice: No temas, yo te ayudo.

—Isaías 41.13

Alguien en quien confiar

No somos conscientes de hasta qué punto nos condiciona la relación y visión que tengamos de Dios. Siendo cristianos deberíamos tener una visión correcta de él, pero, a veces, el modo como nos hayan educado, discipulado o en qué ambiente hayamos crecido puede condicionarnos notablemente.

Uno de los pocos personajes de la Biblia que reconoce que su visión acerca de Dios cambió notablemente tras pasar un prolongado periodo de prueba fue Job. Todos conocemos la historia del hombre que lo perdió todo pero se negó a aborrecer a Dios y morirse. Tras una época difícil, cuando Dios se le presenta y le habla, Job experimenta una especie de subida de nivel en su relación con Dios.

Subiendo de nivel

Si piensas que ya conoces suficientemente a Dios y no necesitas subir de nivel, puedes dejar este capítulo y comenzar el siguiente, pero yo soy de los que creen que siempre podemos mejorar algo o aprender cosas nuevas que nos acerquen más a Dios.

Job era un hombre justo delante de Dios. Su justicia era tan perfecta, a pesar de ser humano, que Dios presumía de su fidelidad, pero el diablo achacaba esta fidelidad al trato especial que Dios tenía con su siervo Job.

Sin duda creemos que Dios, el dador de toda buena dádiva, no va a permitir nunca que sus hijos pasen por problemas, pero la realidad es que esto no es así. Los problemas forman parte de la vida y lo único que nos promete Dios es que él siempre va a estar ayudándonos en mitad de ellos.

Tras la traumática prueba en la que perdió su bienes materiales, a sus hijos y su salud, y fue abandonado por su esposa, Job responde con una sencilla frase: «... y dijo: Desnudo salí del vientre de mi madre, y desnudo volveré allá. Jehová dio, y Jehová quitó; sea el nombre de Jehová bendito. En todo esto no pecó Job, ni atribuyó a Dios despropósito alguno» (Job 1.21–22).

La actitud correcta

1. **En primer lugar vemos que la actitud de Job fue la correcta. Sabía de quién provenían las cosas y a quién pertenecían.** Job tuvo una actitud correcta ante Dios. Él le había dado todas las cosas y él podía reclamárselas. Job sabía que únicamente era mayordomo de lo que Dios le había dado.

2. **En segundo lugar, Job sabía que no hay nada en este mundo que se pueda llevar al otro lado de la muerte.** Por tanto, todas las cosas que perdió las iba a perder de todas formas tarde o temprano.

A pesar de la respuesta de Job, aún debía pasar a otro nivel de relación con Dios. Tenía que entender por qué había permitido eso en su vida en concreto y qué quería enseñarle.

La llegada de los amigos de Job más que paliar su dolor lo aumentó notablemente. Él se sintió juzgado, abandonado e insultado. Ellos achacaban todos aquellos males a su conducta. Creían que algún tipo de pecado le había hecho perder todo. Pensaban como la gente de su época, que tenía la visión de un Dios justiciero, caprichoso y cruel, pero Job razonaba de otra manera.

La justicia retributiva

En algunos lugares continúa imperando la mentalidad de los amigos de Job. La llamada justicia retributiva. Lo que nos sucede nos lo merecemos, Dios es un Dios justo y nos da conforme a nuestros pecados o buenas obras.

El mundo siempre ha tenido esta visión de Dios; de hecho, la mayoría de las religiones del mundo creen esto. Podemos estudiar el islam, el budismo, el hinduismo, el taoísmo o las religiones animistas de África o América: todas creen que el hombre recibe lo que merece.

Cuando tenemos esta visión del mundo y de Dios, intentamos por nuestras fuerzas realizar buenas obras para recibir de Dios cosas buenas, pero el Dios de la Biblia al que servimos no funciona de esa manera.

Cuando sus propios discípulos preguntaron a Jesús sobre el ciego de nacimiento si la causa de su enfermedad era su pecado o el de sus padres, el Maestro respondió de una manera sorprendente, pero en total sintonía con Job, como veremos. Jesús les dijo: «No es que pecó éste, ni sus padres, sino para que las obras de Dios se manifiesten en él».[1]

Con esa simple afirmación, estaba destruyendo el esquema religioso del mundo. A Dios no se le puede comprar. David ya lo advirtió cuando dijo:

A ti no te complacen sacrificios ni ofrendas,
pero me has hecho obediente;
tú no has pedido holocaustos
ni sacrificios por el pecado.
Por eso dije: «Aquí me tienes
—como el libro dice de mí—.
Me agrada, Dios mío, hacer tu voluntad;
tu ley la llevo dentro de mí». (Salmos 40.6–8)

El libro a los Hebreos profundiza en este pensamiento de David, que tanto se había acercado a ese otro nivel al que llegó Job y del que nos habla Jesús mismo. El hombre no puede ganarse el favor de Dios.

Si no podemos hacer el bien para ganarnos su favor, tampoco podemos evitar, haciendo el bien, que nos sucedan cosas malas.

Dice Eclesiastés que al justo y al impío le acontece de la misma manera.[2] Entonces, ¿por qué esforzarse en hacer el bien y agradar a Dios? El apóstol Pablo llega a decir irónicamente que, si cuando sobreabunda el pecado sobreabunda la gracia,[3] hagamos males para que nos vengan bienes.[4]

Job descubrió que todos, incluido él que se consideraba justo, merecían la ira de Dios, y que la justicia retributiva no funcionaba de la manera que él pensaba. Por eso dice al final del libro:

Yo conozco que todo lo puedes,
Y que no hay pensamiento que se esconda de ti.
¿Quién es el que oscurece el consejo sin entendimiento?
Por tanto, yo hablaba lo que no entendía;
Cosas demasiado maravillosas para mí, que yo no comprendía.
Oye, te ruego, y hablaré;
Te preguntaré, y tú me enseñarás.
De oídas te había oído;
Mas ahora mis ojos te ven.
Por tanto me aborrezco,
Y me arrepiento en polvo y ceniza. (Job 42.2–6)

A pesar de ser protestante y creer en la gracia de Dios, nunca la había entendido plenamente. Siempre intentaba ganarme el agrado de Dios y pensaba que únicamente me usaría cuando fuera perfecto, pero nunca lograba ser perfecto.

Job dice a Dios que se aborrece a sí mismo, que ya no se justifica, que ha entendido que no merecía nada, que todo era un regalo inmerecido.

El otro nivel es el de la aceptación

Los cristianos no estamos llamados a ser agentes pasivos ante el mundo, pero sí ante Dios. Él es el que tiene el control. Nosotros únicamente debemos hacer las obras que él preparó de antemano.[5] ¿Por qué nos afanamos y angustiamos? ¿Cómo podemos nosotros limitar su mano o modificar sus planes?

Durante años serví a Dios creyendo que era yo el que tenía la voluntad o hacía las cosas, pero no era cierto. Intenté agradar a Dios con mi vida, pero nunca lo conseguí. El día que lo consiga habré echado por tierra el sacrificio de Jesús en la cruz, pero ya sé que no hay justo, ni aun uno, y que todos pecamos.[6]

Ese nuevo nivel de aceptación de quién es Dios y quién somos nosotros nos llena de tranquilidad. Jesús supo cuál era su tiempo y afirmó el rostro al saber que Dios era el que ponía todas las circunstancias, para que su voluntad no fuera torcida.

Dios nos ha metido en sus planes, por eso Jesús ya no nos llama siervos, nos llama amigos y no hay mayor amor que el que uno ponga su vida por sus amigos (Jn 15.13).

Sabemos que el mundo nos aborrecerá, pero también que Dios nos eligió a nosotros, no nosotros a él.

El otro día predicaba mi último mensaje en una iglesia. Aquella situación era dura para mí. Después de varios años apoyando un ministerio sabía que mi tiempo había terminado y que esa iglesia iba a entrar en una etapa de sufrimiento y prueba, pero también reconocía que era

Dios el que me había elegido a mí, que era él el que me había llamado y que, una vez más, debía entregarle todo lo que era y tenía a él.

Andar por fe

Podemos decir que la fe en Cristo nos salvó, pero fe no es creencia, significa confianza. Andar por fe es no mirar atrás, dejarlo todo y tenerlo por basura por amor al reino de Dios. ¿Qué te ata al mundo? ¿Qué te ata a tu iglesia? ¿Qué es imposible para Dios?

Ahora tomo todas las cosas de parte de Dios, creo que Él dirige mi destino y está en la barca en medio de la tormenta.

Cuando Jesús habló del ejemplo de la casa edificada sobre la arena y sobre la roca, estaba pensando en cómo edificamos nuestra vida (Lc 6). No es el ser creyentes lo que hace que edifiquemos sobre la roca, es saber que no hay nada fiable, excepto Cristo.

Si estás edificando sobre tu ministerio, sobre tu familia, sobre tus dones, sobre tus feligreses, sobre tu prestigio, cuando lleguen las tormentas de la vida ese edificio se derrumbará. Únicamente llegando a la roca inconmovible que es Cristo resistiremos los avatares del ministerio y de la vida.

Si Dios es simplemente un proveedor, cuando ya no nos dé lo que esperamos o creemos merecer, buscaremos otros dioses.

Si Dios es únicamente una protección, buscaremos otros dioses cuando nos sintamos desvalidos.

Si Dios es un ser distante, que espera que caigamos para castigarnos, buscaremos otro consolador.

La intimidad con Dios

Cuando Elías se sintió abrumado por el peso del estrés, por el miedo y la angustia, Dios lo sacó de la cueva. Tras grandes señales y prodigios, le mostró que él estaba en el susurro. Escuchemos el susurro de Dios a nuestro oído que nos dice:

Jehová se manifestó a mí hace ya mucho tiempo, diciendo:

Con amor eterno te he amado; por tanto, te prolongué mi misericordia. Aún te edificaré, y serás edificada, oh virgen de Israel;
todavía serás adornada con tus panderos, y saldrás en alegres
danzas.

Aún plantarás viñas en los montes de Samaria; plantarán los
que plantan, y disfrutarán de ellas. Porque habrá día en que clama-
rán los guardas en el monte de Efraín: Levantaos, y subamos a Sion,
a Jehová nuestro Dios. Porque así ha dicho Jehová: Regocijaos en
Jacob con alegría, y dad voces de júbilo a la cabeza de naciones; haced
oír, alabad, y decid: Oh Jehová, salva a tu pueblo, el remanente de
Israel [...] Irán con lloro, mas con misericordia los haré volver, y los
haré andar junto a arroyos de aguas, por camino derecho en el cual
no tropezarán; porque soy a Israel por padre, y Efraín es mi primogénito. Oíd palabra de Jehová, oh naciones, y hacedlo saber en las cos-
tas que están lejos, y decid: El que esparció a Israel lo reunirá y
guardará, como el pastor a su rebaño [...] Entonces la virgen se ale-
grará en la danza, los jóvenes y los viejos juntamente; y cambiaré su
lloro en gozo, y los consolaré, y los alegraré de su dolor. Y el alma del
sacerdote satisfaré con abundancia, y mi pueblo será saciado de mi
bien, dice Jehová [...] Así ha dicho Jehová: Reprime del llanto tu voz,
y de las lágrimas tus ojos; porque salario hay para tu trabajo, dice
Jehová, y volverán de la tierra del enemigo. Esperanza hay también
para tu porvenir, dice Jehová, y los hijos volverán a su propia tierra.
(Jeremías 31.2–17)

No hay nada mejor que saber que nuestro ministerio, nuestra familia y nuestra vida están en sus manos. Podemos descansar en Dios.
Nada hemos traído y nada nos llevaremos. Nada merecemos, pero Dios
nos da todo abundantemente.

CONCLUSIONES DEL CAPÍTULO

1. Job, a pesar de ser justo, no recibió conforme a lo que parecía merecer, pero comprendió que había un nivel superior de comprensión de los planes de Dios.

2. Dios no nos da conforme a lo que merecemos, ya que lo que merecemos es la muerte. Todo está dispuesto en sus manos y él tiene un plan prefijado de nuestra vida.

3. Nada de lo que nos acontece puede afectarnos hasta el punto de hundirnos si nuestra vida está sobre la roca que es Cristo. La roca no es la creencia, es el hecho de andar por fe, sabiendo que Dios es el que nos da todas las cosas.

4. El comprender que Dios nos ama como somos, que no podemos ganar su favor, nos ayudará a entender que nuestra intimidad con él consiste en reconocer su poder y nuestra debilidad.

5. El final de nuestra vida llegará, no importa lo que dejemos, podremos disfrutar de Dios mismo a nuestro lado. Él es mucho más que el que nos sustenta, es el que da sentido y propósito a nuestra vida. Nos ayudará a seguir y no tirar la toalla, porque nos ha hecho sus amigos muriendo por nosotros en la cruz del Calvario e introduciéndonos en sus planes eternos.

Capítulo 13

HOMBRES Y MUJERES

FIELES

Lo que has oído de mí ante muchos testigos, esto encarga a
hombres fieles que sean idóneos para enseñar también a otros.

—2 Timoteo 2.2

Verdaderos colaboradores

La fidelidad no es un valor en alza. Vivimos en una sociedad en la que impera el interés particular y el individualismo, puede que sea una realidad que no nos guste, pero por desgracia la mayoría de las personas no son fieles a sus parejas, sus empresas, sus principios e incluso a sí mismas.

Cuando yo era niño, la palabra dada era igual de importante que un contrato escrito. Mi padre era de ese tipo de personas en las que podías confiar plenamente, su vida se basaba en un código ético que no existe en la actualidad. A él no le hacía falta incluir en sus contratos que si el cliente tenía un problema lo solventaría, porque el cliente sabía que lo haría sin duda.

Hace poco compré la funda para un teléfono móvil nuevo en una tienda del centro comercial al que voy habitualmente. A las tres semanas, la funda estaba ajada, rozada y rota. Cuando acudí con el *ticket* de compra para pedirle que me la cambiara por otra, me dijo que únicamente te la cambiaban por otra en las dos semanas siguientes a la compra. Estaba claro que aquel producto era malo y la tienda, a pesar de pertenecer al propio fabricante, no estaba dispuesta a reconocerlo.

Por desgracia, este espíritu de poca o ninguna fidelidad está dentro de la iglesia. No debería ser así y menos entre siervos de Dios, pero son muchos los casos en los que los pastores y sus colaboradores no cumplimos la palabra dada.

Ya hemos comentado que siempre debemos decir la verdad y ser francos con las personas a las que servimos, pero por desgracia muchos líderes han entrado en contradicción con los principios que pretenden defender.

Ahora sí y ahora no

La falta de fidelidad produce desconfianza. He visto a muchos creyentes que ya no se fían de lo que diga el pastor u otro líder de la iglesia. Por desgracia, han sido engañados tantas veces que ya no confían en nadie.

En el perfil que hace el apóstol Pablo de los hombres de los últimos días este es un rasgo que destaca: «... mas los malos hombres y los engañadores irán de mal en peor, engañando y siendo engañados» (2 Ti 3.13).

El apóstol no está hablando a Timoteo sobre personas no cristianas, se refiere a líderes cristianos que engañan y al final ellos mismos serán engañados. Esa es la calidad de los hombres y mujeres que ocuparán posiciones importantes en la iglesia en los últimos días.

El apóstol Pablo hace una fotografía completa de su carácter al decir que «habrá hombres amadores de sí mismos, avaros, vanagloriosos, soberbios, blasfemos, desobedientes a los padres, ingratos, impíos, sin afecto natural, implacables, calumniadores, intemperantes, crueles, aborrecedores de lo bueno, traidores, impetuosos, infatuados, amadores de los deleites más que de Dios, que tendrán apariencia de piedad, pero negarán la eficacia de ella; a éstos evita» (2 Ti 3.3–5).

Este tipo de hombres y mujeres también lo podemos ver en la política, la economía y la cultura, aunque por desgracia también liderando iglesias y organizaciones.

Por desgracia, he conocido algunas personas de este calado gobernando ministerios, denominaciones, pastoreando iglesias y enseñando.

Recuerdo el caso de un joven al que enseñaba en la Facultad de Teología y que me presentó un trabajo plagiado de internet. Esta persona no pidió disculpas, ni siquiera se molestó en dar una explicación. Ahora es pastor en una congregación con su esposa. ¿Si ha sido capaz de engañar y no reconocer su error por una pequeña cosa, será sincero ante problemas más importantes?

Por desgracia, la ética ministerial cada vez escasea más, pero a veces eso nos hace sentirnos como casos raros cuando queremos hacer las cosas bien.

En la actualidad parece no estar de moda ser fiel. La persona prefiere satisfacerse a sí misma antes que mantener sus votos o promesas.

Recuerdo el caso de un pastor que tras pasar una mala racha y con una serie de problemas dijo a sus colaboradores que tenía que dejar el pastorado, pero unos meses después se desdijo comentando que volvería, pero con unas condiciones mínimas que se tenían que cumplir a rajatabla. Unas semanas más tarde, cambió de nuevo todo lo dicho, volvería sí o sí. Ese tipo de comportamientos, la incoherencia de nuestros actos, se transmite inmediatamente a las congregaciones.

Los casos son tantos que podríamos escribir un libro numerándolos. Recuerdo otro más de un líder de alabanza que, tras meses sin aparecer por la iglesia ni dar explicaciones, es puesto al frente de la alabanza el primer día que regresa. Cuando enfrenté a la persona que estaba al cargo me comentó que esa era mi opinión, aunque al final aceptó que esa persona pasara un periodo de disciplina. Pero lo curioso es que parte del equipo del liderazgo me acusó de intransigente, legalista y poco sensible.

Vivimos en un juego que mi hija practica de vez en cuando con sus amigas, «el mundo al revés», que cuando quieren decir una cosa dicen la contraria como si fuera la correcta.

Nos encontramos con miembros del liderazgo que dicen una cosa delante tuya y otra a tus espaldas, personas con posiciones de autoridad que cuentan medias verdades o se ofenden terriblemente cuando les enfrentas a sus actitudes o forma de actuar.

Después de todo lo dicho, ¿podemos confiar realmente en alguien?

¿En quién confiar?

La confianza es un acto de fe. Muchas veces te dan ganas de hacer todo tu solo, para no tener que depender de nadie, pero ya hemos dicho que eso es perjudicial para ti, la iglesia y el ministerio.

Uno de los pastores que tuve y con el que me formé para convertirme en líder siempre me decía: «A veces tenemos que escoger entre confiar de nuevo o no confiar nunca más en nadie, pero creo que siempre tenemos que dar una oportunidad a las personas».

Ese espíritu de confianza e incluso de restauración es el que tuvo el Señor Jesús con sus discípulos.

Jesús dio un voto de confianza al mismo Judas, a pesar de que sabía que le iba a traicionar. También fue misericordioso ante los errores de Pedro y, tras negarle tres veces, restauró su vida y ministerio.[1] Lo mismo podríamos decir de Tomás, que no creía que Jesús había resucitado.[2] Sin embargo, a cada uno de ellos les enseñó una lección, para que no volvieran a caer en los mismos errores. Tomás y Pedro aprendieron la lección, pero Judas lamentablemente acabó mal.

Tenemos que ser misericordiosos, como nuestro Dios es misericordioso. Recordemos la parábola de los dos deudores. Uno de ellos fue perdonado por su gran deuda ante su señor, pero no fue después capaz de perdonar una pequeña deuda a su consiervo (Mt 18.23–35). Dios nos perdonó a nosotros, nosotros hemos cometido antes muchos fallos y tenemos que ser misericordiosos, lo que no significa que pasemos lo bueno por malo y lo malo por bueno.

Varones fieles

Pablo le recomienda a Timoteo que busque a personas fieles e idóneas. Ya hemos dado un perfil de cómo deben ser los colaboradores que necesitamos, pero me gustaría profundizar en estos dos rasgos.

1. La **fidelidad** no implica obediencia absoluta y ciega. Tampoco tiene que ver con no pensar por nosotros mismos o someter nuestra voluntad completamente a otra persona.

La fidelidad, según el Diccionario de la Real Academia de la Lengua es «Lealtad, observancia de la fe que alguien debe a otra persona».[3] La lealtad se define como «Cumplimiento con lo que exigen las leyes de la fidelidad y las del honor y hombría de bien».[4] En definitiva es estar al lado de la persona y apoyar su trabajo.

Fidelidad no es anulación de la propia personalidad y sujetarse a cosas que están en contra de nuestros principios anulando nuestra voluntad. No olvidemos que nuestra primera fidelidad es con Dios y después con nosotros mismos.

Recuerdo un caso de un grupo de líderes de una iglesia que, debido a la fuerte personalidad del pastor, estaban tan sometidos a sus ideas que no se daban ni cuenta. Eso no es lealtad, puede ser servilismo o una idea errónea de fidelidad. Como líderes o ayudantes siempre tenemos que considerar que nuestro primer deber es con Dios, después con la iglesia y por último con el líder. Normalmente las tres cosas están en sintonía, pero como líderes no podemos esperar que nuestros colaboradores acepten cosas que están en contra de la Palabra de Dios o que no se ajustan a la ética o moral cristianas.

2. La segunda cosa que le recomienda Pablo a Timoteo es la necesidad de **idoneidad**. Puede que esta palabra esté en desuso en la actualidad, tenemos que entender que muchas veces se sustituye lo bueno por lo excelente o lo bueno por lo idóneo. Esto pasa tanto con respecto a personas como con las actividades.

He visto en muchas iglesias que se ponía a personas en ministerios para mantener su asistencia a la iglesia o con la idea de que una responsabilidad las haría madurar, pero ambas ideas son incorrectas. Las personas no maduran al ejercer un oficio o cargo, se les da el cargo o el ministerio cuando comprobamos que son maduras. Jesús mismo pone el ejemplo de aquellos que siendo fiel en lo poco, al final él los pone sobre lo mucho, ya que confía que actúen de la misma manera. Ya hemos comentado que a veces tenemos que dar varias oportunidades a las personas, Dios nos las da a nosotros, pero si reiteradamente la persona muestra signos de desinterés, falta de responsabilidad o no acepta la autoridad de los líderes, esa persona se inhabilita a sí misma con esa actitud.

La palabra idóneo es un adjetivo que nos habla de una buena disposición y actitud. Naturalmente, la disposición no es suficiente. Puede que haya personas dispuestas, pero que no sean las idóneas.

Recuerdo el comentario de un pastor que había elegido un grupo de colaboradores que muchos cuestionaban por algunos asuntos personales, aunque a mí eso no era lo que más me preocupaba del grupo. Cuando le pregunté por qué había escogido a esas personas me contestó que eran las que estaban dispuestas a trabajar. Ok, tenía el cincuenta por ciento de lo que se busca en un colaborador, pero no había dado importancia al otro cincuenta por ciento; esas personas no eran las más idóneas. En ellas había una serie de aspectos que no las hacían idóneas. Lo primero, no tenían los dones necesarios para ejercer el ministerio (discernimiento, visión, empatía, autoridad, conocimiento bíblico, ministerio de enseñanza, predicación, administración o pastorado). Es cierto que algunas de estas personas comenzaban poco a poco a adquirir parte de alguno de estos dones tras muchos años de servicio en la iglesia, pero no era suficiente.

El reconocimiento de la iglesia

Nuestros colaboradores no nos sirven a nosotros ni a nuestros intereses, sirven a la iglesia y son consiervos nuestros. Puede que Dios nos haya puesto en autoridad sobre ellos, pero eso no significa que se deban a la congregación.

A veces los líderes tomamos decisiones unilaterales, pero esperamos que la congregación nos apoye o apruebe. Es el caso de Moisés, cuando eligió entre todas las familias ancianos que le ayudaran al servicio del pueblo.[5]

Ya hemos visto cómo los discípulos dijeron a la multitud de la iglesia en Jerusalén que eligieran diáconos entre ellos y después los ratificaron. Hasta la sustitución del apóstol que faltaba tras la muerte de Judas fue consultada a todos los hermanos reunidos.

La iglesia es el mejor sitio para llegar a acuerdos. Si imponemos, nos encontraremos solos.

Algunos consejos prácticos

Antes de elegir a un colaborador, consideremos simplemente algunos consejos prácticos.

1. **Consulta con tus otros colaboradores y con miembros maduros de la congregación.** En la multitud de consejeros está la sabiduría. Recuerda que Dios no te habla únicamente a ti.

2. **Pregunta a personas de tu entorno sobre su comportamiento dentro y fuera de la iglesia.** Puedes consultar a familiares, amigos, compañeros de trabajo. Por desgracia, mucha gente tiene una forma de actuar dentro de la iglesia y otra fuera.

3. **No elijas a personas recién convertidas o poco comprometidas,** pensando que esa persona madurará con la responsabilidad.

4. **No des a nadie un ministerio o cargo para mantenerle en la iglesia,** contentar a su familia o quedar bien.

5. **No pienses que una persona de éxito en el mundo tiene que ocupar un lugar prominente en su congregación.**

6. **No limites los dones de tus familiares y amigos,** busca el reconocimiento de la congregación y ponlos en el lugar que les corresponde.

7. **No te fíes de las apariencias.** El hecho de que alguien tenga ciertos dones naturales de liderazgo no implica que tenga que dar salida a esos dones en la iglesia.

8. No permitas que las personas, incluido tú, piensen que los ministerios y **cargos están a su servicio.**

9. No permitas que las personas se **autoproclamen líderes** de ministerios o cargos, aunque tengan el apoyo de otros.

10. Por último, **no permitas que alguien cuestione tu autoridad** o te rete en público.

No es fácil rodearse de las personas idóneas, pero una vez que las encuentres harán que tu iglesia suba a un nuevo nivel de compromiso, consagración y crecimiento. Por eso, sé paciente, cauto y pide a Dios en oración que te dé sabiduría.

Entre las personas elegidas para ayudarte en tu ministerio, siempre tienes que estar preparando a alguien que te pueda sustituir en el caso de que tengas que viajar, dejar el ministerio o abrir una nueva iglesia.

La soledad en el liderazgo nunca es buena consejera. Elías ejerció su ministerio en soledad y tuvo que sufrir algunas consecuencias graves como el estrés, la desmotivación y el temor. Eliseo se hizo acompañar por su criado Giezi, además de ser consciente de la compañía espiritual de Dios por medio de sus ángeles.

Separar el trigo de la paja es un trabajo pesado, pero cuando se lanzan al aire ambas cosas, el grano cae rápidamente, mientras que a la paja se la lleva el viento. Unos malos o incapaces colaboradores aumentarán tu aislamiento y soledad. Apóyate en Dios, pero rodéate de gente de confianza.

CONCLUSIONES DEL CAPÍTULO

1. La fidelidad es indispensable para que los líderes puedan ejercer su ministerio. Rodéate de personas fieles, capaces de agradar a Dios antes

que a los hombres. Fidelidad, no servilismo; a veces es más fiel el que te dice lo que realmente piensa que el que te apoya sin dar su verdadera opinión.

2. La palabra dada es muy importante en un siervo de Dios. Si prometiste algo tienes que cumplirlo. De otra manera perderás la confianza de la gente y darás un mal ejemplo. La Biblia nos enseña que es mejor no prometer que prometer y no cumplir.

3. Tus colaboradores deben cumplir los dos requisitos que el apóstol Pablo le dijo a Timoteo: fieles e idóneos. No es suficiente con que sean fieles, no todas las personas pueden ser líderes. Hay que probar sus capacidades, actitud y madurez.

4. La iglesia tiene que reconocer la autoridad y los cargos de las personas que elijas, de otra manera se creará una sima o división entre tú y tu congregación.

5. No te precipites a la hora de nombrar colaboradores, de otra manera tendrás que pagar, tú y tu iglesia, las consecuencias de tus decisiones. Busca siempre la voluntad de Dios y consulta a las personas que él ha puesto a tu alrededor.

Capítulo 14

LOS DE TU CASA

Pero si alguna viuda tiene hijos, o nietos, aprendan éstos primero
a ser piadosos para con su propia familia, y a recompensar a sus
padres; porque esto es lo bueno y agradable delante de Dios.

—1 TIMOTEO 5.4

La base principal es la familia

Afortunadamente, mi padre nunca fue pastor. Tengo muchos conocidos, familiares y amigos que son hijos de pastores y que sufrieron desde su juventud la comparación con otros niños de la congregación. Esto no quiere decir que los hijos de pastor no puedan sentirse orgullosos de haber nacido en una familia que servía al Señor. Dios les recompensará los sacrificios y críticas que tuvieron que sufrir sin haberlo escogido.

Es cierto que hay otras profesiones que implican muchos sacrificios para una familia, como puede ser el ejército, un oficio itinerante o dirigir negocios o empresas. En muchos casos es muy difícil conciliar la vida familiar y laboral, y este tipo de profesiones, a menudo marcadas por el éxito, puede condicionar toda una vida.

Ya hemos hablado a lo largo de todo este libro sobre el nepotismo y, por desgracia, será un tema recurrente en los próximos años. Cada vez hay más ministerios evangelísticos, televisivos o del simple pastorado de iglesias, ejercidos por hijos o nietos de predicadores o predicadoras famosos.

Dentro de unos años veremos el resultado a estas visiones demasiado personalistas del ministerio. Da igual que esto suceda en la iglesia del barrio o en la megaiglesia de la ciudad, muchas veces las consecuencias son nefastas para las personas, las congregaciones y las propias familias pastorales.

Es normal que nuestros hijos nos admiren, quieran imitarnos y que algunos reciban el mismo llamamiento que nosotros. También es natural que nosotros les ayudemos en los primeros pasos y podamos usarlos en nuestras congregaciones, pero con el tiempo ellos tienen que encontrar su propio camino.

Dinastías cristianas

La tendencia al monarquismo en las iglesias, con cargos hereditarios, es un verdadero problema. Dios siempre eligió a sus siervos independientemente de quienes eran sus padres. Lo que Dios busca en las personas es el corazón.

Moisés o José, Daniel o Isaías, a veces salieron de tribus que no eran las principales, la mayoría no pertenecían a la tribu de Leví, la destinada para el sacerdocio. Los hijos de Moisés no le sustituyeron en su cargo, tampoco los de Josué. Lo mismo sucedió con los profetas, en los que no hay casos de ministerios hereditarios, tampoco en los discípulos de Jesús, aunque algunos de ellos debieron de tener hijos varones.

La relación de Jesús con su propia familia fue complicada, aunque al final algunos de sus hermanos, tal y como indica la Biblia y la tradición, se convirtieron y fueron líderes de la iglesia. El que tuvo un papel más prominente fue Santiago, uno de los líderes de la iglesia de Jerusalén. Sin embargo, ninguno de ellos utilizó la influencia de Jesús para ocupar un lugar destacado.

En mí país, algunas sagas de creyentes han marcado para bien y, en ocasiones para mal, al Pueblo de Dios. Ser hijo de fulanito o menganito hacía que otros te propusieran para ciertos cargos en una denominación u organización. Sería injusto no decir que a veces los hijos de ciertos líderes reconocidos no tienen dones similares o superiores a sus padres. Pero esto es la excepción más que la regla.

Hijos del pastor

Nuestros hijos tienen que ser nuestro proyecto más importante en la vida. Debemos desear que sean felices, que tengan una vida plena y que conozcan a Dios. Por eso es fundamental el ejemplo en casa. Puede que en la iglesia podamos aparentar con los hermanos, pero nuestros hijos leen en nosotros como libros abiertos.

No podemos ignorar los problemas, evitar los conflictos o negarles nuestro amor a nuestros hijos por sus decisiones erróneas. No somos los pastores de nuestros hijos, somos sus padres. Nuestra casa no es una extensión de la iglesia, por eso debemos cuidar algunos principios básicos que vamos a enumerar a continuación.

1. **Nuestros hijos tienen el derecho a la intimidad.** Tenemos que habilitar en nuestra casa espacios y tiempos para ellos solos. No pueden estar siempre en medio de la vida de la iglesia, sin desarrollar junto a nosotros una vida familiar equilibrada.

2. **No podemos exponer la vida de nuestros hijos ante la congregación.** Es un error poner a nuestros hijos como buenos ejemplos ante los demás, o como ejemplos malos.

3. **No podemos regañar a nuestros hijos en medio de un culto.** Yo he visto esto en varias ocasiones, pastores gritando desde el púlpito a sus hijos porque se estaban portando mal.

4. **No es bueno que presionemos a nuestros hijos para que sigan nuestros pasos.** Si Dios los llama, él lo confirmará, no necesita nuestra ayuda.

5. **No podemos crear sagas familiares.** He visto personas que siguieron los pasos de sus padres y abuelos y creen que su apellido debe abrirles ciertas puertas.

6. **No discriminaremos a los hijos de pastores por serlo.** Tampoco es bueno llegar al otro extremo, de rechazar a alguien por ser hijo de un pastor, sea este conocido o no.

7. **No esperemos que nuestros hijos sean mejores que los de los demás.** Tenemos que tratarles conforme a la edad que tienen y no precipitar su maduración.

8. **No debemos ser permisivos con nuestros hijos ni tolerarles cosas que no toleraríamos a otros.**

9. **No debemos avergonzarnos de nuestros hijos. Si cometen errores, debemos aplicar nuestro amor de padres.**

10. **Debemos enseñar a nuestros hijos cómo vive la gente no cristiana y animarlos a que tomen una decisión personal por Cristo.**

La tarea de ser padre es mucho más difícil que la de ser pastor o líder. Los ejemplos de malos padres o hijos rebeldes se repiten en la Biblia, pidamos a Dios no caer en un error ni en el otro.

Mi esposa o mi esposo son mis aliados

Dios nos puso la ayuda idónea de la pareja del otro sexo para que nos complementara en la vida. Hombres y mujeres tenemos diferentes visiones en algunas cosas, diferentes sensibilidades y énfasis. Juntos hacemos un gran equipo, separados podemos ser un desastre.

Por desgracia, durante generaciones se ha degradado el ministerio de la mujer en la iglesia o se la ha puesto en un segundo plano. La mujer del pastor no es «la pastora» en el sentido de que lo sustituye automáticamente, pero sí tiene que ser el complemento de este.

Tenemos que cuidar a nuestra pareja en todos los sentidos. Ella es primordial. No podemos servir en una iglesia sin su apoyo, tampoco podemos excluirla del ministerio. Si tu pareja no es madura, no tiene dones o no se pone de acuerdo contigo, lo lamento, pero no puedes ejercer el ministerio hasta que arregles eso con ella.

Nuestra pareja tiene que cumplir con unas ayudas prácticas para nuestro ministerio:

- **Tiene que ser nuestra confesora o confesor.** Tenemos que abrir nuestro corazón ante ella y confiar en que nos ama. No podemos tener secretos ni guardar nada.

- **Tenemos que tener la misma visión del ministerio,** apoyarnos y motivarnos mutuamente.

- **Tenemos que ponernos de acuerdo en cuanto la crianza de los hijos** y cuál de los dos tiene que pasar más tiempo con ellos.

- **Nunca debemos humillar, menospreciar o dañar a nuestra pareja** ni en público ni en privado.

- **Debemos ser fieles en todos los sentidos con nuestra pareja,** tanto en el área espiritual, como en la sentimental, emocional o sexual.

- **No podemos ignorar o despreciar los sentimientos de nuestra pareja.** Tenemos que acompañarla en las crisis que atraviese y apoyarla en todo momento.

- **Si rompemos nuestros votos matrimoniales y no hay restauración, debemos abandonar el ministerio pastoral,** aunque podamos ejercer otras funciones en la iglesia.

- **Si nuestros problemas familiares son irresolubles tenemos que dejar el ministerio pastoral,** para ocuparnos de nuestra casa.

- **No debemos viajar en exceso,** tampoco dedicar todo nuestro tiempo a la iglesia. Estar con nuestra familia también es una forma de servir a Dios.

- **No debemos permitir que terceras personas se inmiscuyan en nuestra relación** ni ocupen el papel sentimental, espiritual o ministerial de nuestra pareja.

Está claro que cuando el matrimonio pastoral hace equipo, el diablo queda muy debilitado. La unión a nivel familiar, eclesial y filial rompe el poder de Satanás sobre nuestra vida.

El resto de mi familia

Durante mis años de servicio a Dios he escuchado en numerosas ocasiones que la cercanía de la familia política es siempre perjudicial para el ministerio. Siento discrepar de esta idea.

Curiosamente, la Biblia es un libro que habla mucho de la familia política y directa de patriarcas, reyes y, en algunos casos, de los profetas. En el Antiguo Testamento no es extraño encontrar referencias a yernos, nueras, suegros, suegras, hermanos o cuñados. La familia en Israel, como en la mayoría de las culturas mediterráneas, ha sido uno de los pilares de la cultura y la sociedad.

Tal vez el suegro más conocido del Antiguo Testamento sea Jetro, del que ya hemos hablado con anterioridad. Jetro apoyó el ministerio de su yerno de varias maneras. La primera fue quedándose con sus hijos y mujeres mientras Moisés comenzaba su ministerio en Egipto.[1] También fue la única persona a la que Moisés escuchó y del que aceptó el consejo de dividir al pueblo y buscarse colaboradores.[2]

Es cierto que otras relaciones familiares no fueron tan provechosas, como en los casos de Abraham y Lot, o en el de Jacob y su suegro, pero Dios siempre quiere que tengamos buena relación con nuestra familia y la honremos.

Desde Noé, pasando por Lot, el plan de Dios es siempre que nuestra familia reciba las mismas bendiciones que nosotros.

Los padres o ancianos de la casa siempre fueron los sacerdotes principales del hogar. Su vida y ejemplo determinaba la fe del resto de su familia. Vemos el caso de Jacob, que ordenó a su familia que desechara todos los dioses paganos antes del encuentro con su hermano.[3]

En el caso de Moisés, la ayuda de su hermano Aarón fue imprescindible para desarrollar su ministerio. A ellos se unió más tarde María, hermana de ambos.

Las leyes de Levítico hablan constantemente del deber de cada israelita para con su familia. Desde el punto de vista social y económico (pagar deudas, acoger a las viudas, etc.) hasta el espiritual.

Josué puso a su familia como ejemplo de servicio a Dios y, ante las dudas de Israel prometió que él y su casa servirían a Jehová.[4]

Nos faltaría el espacio para hablar de los textos en los que se nos exhorta a honrar a nuestros padres,[5] cuidar de nuestros hermanos o sobrinos. Sin duda Dios quiere que tengamos una relación estrecha con nuestros familiares. Pero ¿significa eso que es bueno o malo tenerlos en la iglesia si somos líderes?

No vamos a negar que en ocasiones puede ser un problema tener a la familia en la iglesia, ya que a veces pueden confundir los temas familiares con los eclesiales.

Recuerdo el caso de un pastor que, tras discutir con sus padres por un asunto con su esposa, estos determinaron que les había faltado al respeto y que ya no les honraba, por lo que pidieron a los otros líderes que sacaran del liderazgo al pastor. Al no darse por satisfechos, dejaron la iglesia. También he conocido casos en los que los suegros y yernos discuten por causa del ministerio, sobre todo si unos y otros son líderes. ¿Qué es lo mejor entonces?

- **Separa claramente desde un principio lo familiar de lo eclesial**. Tenemos que dejar claro a nuestros familiares que son dos planos distintos y no deben mezclarse.
- **No cuentes detalles ministeriales a los miembros de tu familia**, por el simple hecho de serlo, si estos no pertenecen al liderazgo de la iglesia.
- **Soluciona los problemas familiares fuera del ámbito de la iglesia.**

- **Pide cierto grado de lealtad a tus familiares,** para que no hablen en público contra ti o tu ministerio.

- **Pide a tus familiares que sean discretos** en cuanto a los temas personales y no los cuenten en la iglesia.

- **Mantén una fluida y constante comunicación** con tus familiares.

- **Escucha los consejos de tus padres** y suegros. Muchos de ellos han servido al Señor y tienen mucha experiencia en diferentes temas.

- **No olvides que la familia celestial es importante,** pero que lo es más la que Dios nos ha dado en la tierra.

- **Debes tener buen testimonio** con tu familia.

- **No impidas que tus familiares tengan ministerios o cargos** en la iglesia, si tienen los dones y cualidades necesarias.

Yo nunca tuve problemas con un familiar mientras fui líder. En la iglesia en la que me crie asistían mis padres y ellos fueron un ejemplo en todo momento. En la primera iglesia en la que serví al Señor nunca discutí con ellos ni en privado ni en público sobre la iglesia. Mi padre me hizo algunos comentarios personales, que escuché y tomé en consideración. Mi madre fue extremadamente prudente y nunca causó ningún problema en la iglesia ni en mi familia. Mi hermana y mi cuñado siempre mantuvieron una buena relación y me apoyaron en el ministerio.

Claro que también he visto casos en los que dos hermanos se pelean por pastorear una iglesia, problemas entre suegros y yernos, entre suegras y nueras. También alguno entre padre e hijo, aunque estos no son tan comunes.

La familia es una bendición, pero tenemos que saber gobernarla y poner las cosas claras desde el principio.

CONCLUSIONES DEL CAPÍTULO

1. Tengamos sumo cuidado con las dinastías pastorales. Aunque sin duda Dios puede usar a varias generaciones, es relativamente sencillo que pensemos que nuestra familia, por el hecho de serlo, es especial ante Dios. Cada hijo y nieto tiene que demostrar por él mismo los dones y ministerios que Dios les ha dado. En la medida de lo posible es mejor que los ejerza en otra iglesia.

2. Ser hijo o hija de pastor no es fácil, pero intentemos en la medida de lo posible normalizar las situaciones. No expongamos a nuestros hijos en la iglesia, ya sea para bien o para mal.

3. Nuestras esposas y esposos son nuestros aliados. Dios los ha puesto para que nos acompañen en el ministerio y nos ayuden a llevar las cargas del mismo. No rompamos la comunicación con nuestras parejas y usémoslas como el complemento indispensable de nuestro ministerio.

4. Cuidemos a nuestra familia en la iglesia. Ellos son nuestro principal deber y nunca debemos ponerla en segundo o tercer lugar. Después del amor a Dios, la familia es lo más importante que tenemos.

5. Aunque muchos piensan que tener a la familia en la misma iglesia que lideras no es bueno, tampoco tiene que ser malo si logramos implementar una serie de condiciones y normas de convivencia.

Capítulo 15

COMPAÑERISMO

No traten a la grey como si ustedes fueran sus amos. Al contrario,
sírvanle de ejemplo.

—1 Pedro 5.4

Sometidos los unos a los otros

El liderazgo en la iglesia tal vez sea uno de los más gratificantes y difíciles del mundo. En primer lugar, porque nuestro modelo es Cristo, el líder más importante de la historia, y en segundo lugar, porque es el único tipo de liderazgo considerado de servicio.

Ya hemos comentado, con respecto a elegir colaboradores y analizar nuestros propios dones, qué características son necesarias para poder gobernar bien una iglesia. Sin embargo, tal vez la piedra angular del liderazgo cristiano esté en saber conducir la grey de Dios.

Dios pudo elegir muchos tipos de modelos para enseñarnos cómo llevar una iglesia, pero eligió el pastor de ovejas por una razón en especial.

Hace unos años pude ir de vacaciones a un sitio recóndito en el norte de mi país. Aquella hermosa zona montañosa estaba apartada de todo y lo único que podíamos ver durante todo el día era la exultante naturaleza y los rebaños de ovejas.

El rebaño como modelo

Todas las tardes nos cruzábamos con un pastor, su hijo, un perro y el rebaño de ovejas y cabras que llevaban hasta el vallado. Aquel hombre nos explicó un poco de su trabajo y del espíritu de las ovejas.

Las ovejas son seres inocentes, bellos y fascinantes, pero tienen dos defectos, el primero es que son muy asustadizas. Cuando están llenas de temor pueden huir en desbandada y perderse, sin poder encontrar el camino de regreso. El otro defecto que tienen es que son gregarias y tienden a imitar a las otras. Cuando comienzan a caminar, unas siguen a otras aunque las lleven al abismo.

Los pastores cuidan y protegen a las ovejas. Podemos decir con toda seguridad que, después de la recolección de alimentos, es el oficio más antiguo del mundo.

Todos los patriarcas fueron pastores, Moisés también ejerció la profesión de pastor de ovejas antes de convertirse en líder de Israel, lo mismo podemos decir de David y otros reyes y profetas.

Aquel pastor nos comentó que las ovejas conocían su voz y le seguían. Él no ejercía violencia ni las obligaba a que le siguieran, pero ellas confiaban en él. Además, su perro ayudante podía devolver al rebaño a aquellas que estaban más dispersas.

Es increíble la relación que hay entre un pastor y su rebaño. Entre ellos no hay coacción, tampoco servilismo o temor. Entre los pastores y sus ovejas hay confianza.

Jesús mismo se puso como modelo de pastor, como Dios mismo ya lo había hecho en numerosas ocasiones.[1] ¿Actuamos nosotros como pastores de ovejas?

Los modelos de liderazgo

Los modelos de liderazgo del mundo se nos cuelan constantemente en la iglesia. A lo largo de la historia hemos cometido algunos errores de los que ya nos advirtió Jesús.

1. En primer lugar, no debemos amar el cargo más que a la grey de Dios. Yo he visto a muchos pastores tan obstinados por seguir siéndolo que se habían olvidado que el pastorado es una función y no un título. Jesús dijo de este tipo de líderes que les gusta ser llamados «maestro, maestro», pero nosotros únicamente debemos llamar maestro a Cristo. Nosotros somos hermanos unos de los otros.[2] Tampoco debemos dejar que nos llamen «padre», aunque ya sabemos que en la mayoría de las iglesias se utilizan estos apelativos para denominar a los pastores. También se les llama siervos, santos, obispos, presbíteros, etc.

El nombre a veces no define el cargo, Jesús nos advirtió que es importante que nos veamos como pastores en el sentido puro de la palabra, siervos que cuidan ovejas desvalidas.

2. En segundo lugar, no debemos buscar privilegios por el hecho de ser pastores, ya sean económicos, políticos o religiosos.[3] La humildad debe ser nuestra seña de identidad, también nuestra actitud hacia todos, desde el más humilde de los hermanos de la iglesia hasta el principal.

No busquemos posiciones de privilegio o de poder, ya que de ese modo nos convertiremos en fariseos, como Jesús nos advierte.

Es curioso, el propio Jesús nos da la clave para nuestro comportamiento como pastores. Él dice: «El que es el mayor de vosotros, sea vuestro siervo» (Mt 23.11). Jesús mismo dio ese ejemplo entre sus discípulos, del que el lavamiento de los pies es un ejemplo.

Lava los pies de los demás

Todos conocemos la historia en la que Jesús, justo en la última cena con sus discípulos, les pone un ejemplo práctico de humildad. Dentro del sistema esclavista del mundo antiguo, los siervos menos considerados, después de aquellos que se dedicaban a labores meramente agrícolas, eran los que realizaban las tareas más bajas. Una de ellas era lavar los pies a los invitados. Los caminos de Israel eran en su mayoría de tierra y el calzado habitual, la sandalia, no protegía al pie del barro y el polvo del camino. Los judíos comían sentados en el suelo en cojines, junto a unas mesas bajas, sobre las que se reclinaban, por eso era muy importante tener los pies limpios. También era costumbre entrar descalzos a las casas y lavarse las manos e incluso la cabeza si estaba sudada.

Jesús recriminó a Simón el fariseo que, aunque se quejaba de la mujer de mala reputación que le lavaba los pies a Jesús con sus lágrimas, él no había cumplido con las reglas mínimas de cortesía a un invitado (Lc 7.36–50). Aquella mujer le lavó los pies, un acto humillante, y Jesús lo explicó claramente. El amor de la mujer a Jesús, al sentirse liberada de sus pecados, le hizo actuar de una manera considerada indigna para su sociedad.

Cuando Jesús lavó los pies a sus discípulos, Simón Pedro se negó, por eso Jesús tuvo que explicarle que si no tenía su misma actitud ante el resto de sus hermanos, no tendría parte en el reino de Dios.

Jesús dio la explicación a su extraño comportamiento y dijo: «¿Sabéis lo que os he hecho? Vosotros me llamáis Maestro, y Señor; y decís bien, porque lo soy. Pues si yo, el Señor y el Maestro, he lavado vuestros pies, vosotros también debéis lavaros los pies los unos a los otros. Porque ejemplo os he dado, para que como yo os he hecho, vosotros también hagáis. De cierto, os digo: El siervo no es mayor que su señor, ni el enviado es mayor que el que le envió. Si sabéis estas cosas, bienaventurados seréis si las hiciereis» (Jn 13.13–37).

Jesús les estaba dando un mandamiento, no una recomendación: que se lavaran los pies los unos a los otros. Naturalmente, lo importante no es el acto en sí, lo realmente importante es la actitud. El siervo no es mayor que su Señor, si Jesús, siendo Dios, lleva a cabo un servicio tan humilde, ellos también deben actuar de esa manera.

La soberbia

Sin duda, la soberbia y la vanidad son los principales problemas de los pastores. El hecho de estar expuestos a la luz pública y ser admirados por algunos de nuestros feligreses, nos hace muy vulnerables a estos dos problemas.

La soberbia es un sentimiento de orgullo que nos hace valorarnos por encima de los demás. Cuando uno se convierte en una persona soberbia deja de escuchar los consejos de sus consiervos y de la congregación. Únicamente escucha las alabanzas de los aduladores y no tolera ningún tipo de crítica. La soberbia termina por dejarnos solos. Es muy difícil seguir a un líder soberbio, que no toma en consideración a los demás y se cree en posesión de la verdad.

La soberbia ha matado a más ministerios y congregaciones que cualquier otro mal que aqueje a las iglesias. El soberbio comete errores, pero no los corrige, ya que piensa que los errores son de los demás. Por eso deja un reguero de gente herida.

El pecado que no será perdonado será el de la soberbia, ya que es, en cierto grado, ponerse en el lugar de Dios. El apóstol Pedro nos dice claramente que Dios resiste a los soberbios, pero da gracia a los humildes. Dicho de otra manera, perdona a los humildes, pero a los soberbios no. ¿Por qué hace esto Dios? Simplemente porque el soberbio no se arrepiente y por tanto no puede ser perdonado.

La vanidad es una hija de la soberbia, ya que nace del mismo convencimiento de la superioridad ante los demás. La vanidad es la creencia excesiva en las habilidades propias, en la atracción causada hacia los demás. La vanidad, por tanto, es una forma de idolatría, ya que el vanidoso se adora a sí mismo y espera eso de sus seguidores.

Este tipo de comportamientos es fácil de detectar. Tenemos que tener mucho cuidado con ponernos por delante de Dios y considerarnos mejores que el resto de pastores o hermanos. Siervos inútiles somos, porque lo que debíamos hacer hicimos (Lc 17.10).

La soberbia y la vanidad hacen que nos convirtamos en dictadores en la iglesia. Pensamos que Dios únicamente obra y habla a través de nosotros. Nos ponemos como modelos y pensamos que nadie puede discutirnos. Ese no es el tipo de liderazgo que Dios quiere.

Jesús nos advirtió que los líderes de las naciones se enseñorean de ellas, pero nosotros somos meros administradores que tenemos que dar cuenta a nuestro Señor (Lc 22.25). Pablo se lo dice a los corintios, que estaban dando más importancia a la obra humana que a la de Dios, al comentarles que los hombres son servidores de Cristo y administradores de los misterios de Dios.[4] El apóstol Pedro también recalca nuestra tarea como administradores.[5]

Administradores

El administrador no es dueño. Simplemente gobierna una casa o propiedad mientras el dueño está fuera. Siempre tenemos que tener un sentido de desprendimiento ante la congregación.

Dios nos pide que seamos fieles administradores,[6] ya que tendremos que rendir cuentas ante él. Pero ¿cómo podemos ser buenos administradores?

1. En la epístola de Pedro, Dios nos exhorta que, como pastores, apacentemos la grey de Dios no por fuerza (1 P 5.2). **Por tanto lo primero que debemos hacer es cuidar a la iglesia con amor.**

El amor es la herramienta más poderosa en manos de un buen siervo. La gente no le seguirá por su carisma, elocuencia o capacidad, le seguirá si sabe que se preocupa por ellos.

Jesús decía que el pastor asalariado, cuando ve el peligro de su rebaño, es el primero en huir. No hay dinero suficiente para pagar que uno dé su vida por su rebaño, pero si realmente eres un siervo de Dios prefieres morir por tu grey.

Ama mucho, puede que algunos te paguen bien por mal, pero la mayoría de la gente te seguirá por amor, aunque no esté de acuerdo contigo en algunos temas.

La iglesia es un grupo de personas redimidas que colaboran voluntariamente en el reino de Dios, ya lo hemos comentado antes. Intenta animarlas, educarlas, hacer que se centren en lo mejor, pero no las amenaces ni obligues.

2. La segunda herramienta para administrar bien la iglesia es una actitud desinteresada.[7] El altruismo es una rara cualidad en nuestra sociedad, pero en el caso del cristiano tiene que ser un estilo de vida.

Consiste en hacer algo sin esperar nada a cambio. Lo vemos en el ejemplo del buen samaritano. Que Dios nos lleve a hacer las cosas por misericordia, sin esperar dinero, influencia o reconocimiento por ello. Eso Dios lo añadirá cuando sea el momento.

El ánimo pronto es una curiosa manera de referirse a la alegría, el entusiasmo y la pasión. Cuando Jesús les preguntó a sus discípulos si ellos no querían también irse, Pedro respondió. «A quién iremos, únicamente tú tienes palabras de vida eterna» (Jn 6.68). Esas palabras de vida eterna son las que tienen que atraer a la gente, no nuestra personalidad. Pero está claro que tenemos que transmitirlas con pasión.

Ya hemos comentado que no somos señores de la grey, como dice Pedro, pero es interesante que él contrapone a eso el ejemplo y testimonio. Puede que sea triste reconocerlo, pero en muchas ocasiones el pueblo está únicamente a la altura de sus líderes. No puedes pedir a la gente que se sacrifique si tú no lo haces, no puedes esperar que se entreguen en cuerpo y alma a la obra si tú te mantienes indiferente.[8]

¿Cuál es la única recompensa que debemos esperar?

Si ya no haces las cosas con gusto y amor en la iglesia, es mejor que te retires. Dios nos llama a ser felices en el ministerio, no con la clase de felicidad que hay en el mundo, más bien con el gozo del que habla Pablo a los filipenses (Fil 4.4). Ese regocijo inexplicable que nace de nuestra relación con Dios a través de su Espíritu Santo.

Está claro que las congregaciones son muy cambiantes y se olvidan muy pronto de aquellos que dan todo por ellas. Las vanidades de este mundo no deben tener cabida en nosotros. Cuando recordamos que somos administradores, la gente y sus reacciones dejan de tener poder sobre nosotros.

No somos pastores por tener un título, tampoco porque otros nos llamen pastores. El que nos llamó y nos puso en el ministerio es Cristo, esperemos en él y confiemos en la única recompensa que merece la pena, la suya.

El apóstol Pedro lo dice claramente: «Y cuando aparezca el Príncipe de los pastores, vosotros recibiréis la corona incorruptible de gloria» (1 P 5.4).

¿Cómo podemos conservar ese equilibro con la congregación?

El apóstol Pedro nos da una serie de consejos:

1. **Humillarnos ante Dios.**[9] Ya decíamos que la soberbia es la peor reacción ante la iglesia y Dios. Reconozcamos diariamente nuestros errores ante Dios y, si es necesario, ante la congregación. Eso no convertirá tu pastorado en un ministerio débil, ciertamente lo fortalecerá. Dios será el que nos exalte a su debido tiempo.

2. **Echar la ansiedad sobre Dios.**[10] Dios tiene cuidado de tu ministerio, de tu familia y de tu propia vida. En el caso de que tengamos que dejar una iglesia, él mismo nos sostendrá. La fe es plena confianza en Dios, no en los recursos de la iglesia.

3. **Ser sobrios y velar.**[11] Consideremos que como pastores y líderes estamos expuestos como nadie a la lucha espiritual. El diablo sabe que si eres eliminado tu congregación se hará mucho más vulnerable. Es increíble el número de pastores que no es consciente del peligro al que está expuesto. La sobriedad es concentración y visión espiritual. Velar hace referencia a no adormecernos, como aquellas muchachas que no tuvieron sus candiles preparados para el regreso del esposo. No olvides que nuestro adversario es el diablo, nuestra lucha no es contra carne ni sangre.

4. **Ser conscientes de que otros también sufren.**[12] Formamos parte de una gran comunidad universal a la que pertenecen millones de hermanos en todo el mundo. No hay tentación ni problema que otro cristiano no haya superado o pasado. En

esta guerra espiritual, todos estamos combatiendo en la misma lucha.

Las ovejas tienen que conocer tu voz. Como pastor y líder de la iglesia, tienes que ser claro y transparente con ella. Por eso, me gustaría presentarte algunas sugerencias, para que tu iglesia y tú estén en sintonía:

- **Escucha,** tenemos dos oídos y una sola boca. Un líder debe escuchar el doble de lo que habla.
- **Sé sensible.** Ponte en el lugar de tu congregación e intenta ver las cosas como ellos las ven.
- **No permitas que te pierdan el respeto.** No seas muy familiar con la gente ni tampoco distante.
- **Da ejemplo de entusiasmo.** No esperes que los demás hagan lo que tú no estás dispuesto a hacer.
- **Busca ayuda entre las personas que Dios ponga a tu lado,** no cargues tú solo con todo.
- **Equivócate y no muestres a la gente la falacia de que los pastores no se equivocan.**
- **Ama sin medida,** sin esperar nada a cambio.
- **Preocúpate por las personas,** no por las situaciones.
- Si tu congregación no quiere seguir tus pasos, **no luches hasta que la iglesia se convierta en un campo de batalla.** Hay que saber retirarse a tiempo.
- **Sirve a Dios, no a la congregación.** No contamines tu ministerio por un salario.

Puede que dando mucho amor únicamente recibas desprecio, pero lo normal es que recibas amor. El mundo conocerá que somos discípulos de Jesús si somos uno, como él y el Padre son uno. La iglesia es el cuerpo de Cristo, nosotros como líderes somos un miembro más que hace que el cuerpo funcione. No te aísles del cuerpo ni permitas que las circunstancias te aíslen. Puede que la gente que te sigue en la iglesia no entienda todo el propósito de Dios en su vida o en la congregación, pero Dios te ha puesto para que los lleves al sitio que él mismo ha preparado.

La soledad es la peor compañera de un líder. Somos líderes porque Dios nos llamó para estar con personas, para dirigirlas y amarlas como a nosotros mismos. Que la única soledad que tengas en tu ministerio sea la buscada por ti para meditar. Aunque quiero que sepas que nunca estás solo. Cristo ha prometido que el Espíritu Santo te animará, exhortará y corregirá cuando sea necesario.

CONCLUSIONES DEL CAPÍTULO

1. Dios escogió el ejemplo del pastor de ovejas para que lo tengamos como modelo. Las ovejas deben conocer nuestra voz, tenemos que estar constantemente con ellas y cuidarlas.

2. Dios no admite la soberbia ni la vanidad. Ambas pretenden ser infalibles, pero el único que lo es realmente es Dios. Todos nos equivocamos, y es mejor que seamos conscientes de ello, para poder arrepentirnos a tiempo.

3. Ama a tu congregación aunque no recibas amor de ella. El servicio a través del amor es mucho más efectivo que el carisma o cualquier otro tipo de motivación. Si la gente sabe que te preocupas por ella, te seguirá.

4. No olvidemos que somos mayordomos de Dios. Tenemos que tener cuidado de no creernos dueños de nada. Dios, como Señor y Amo, nos pedirá cuentas de lo que hagamos con su iglesia. También nos recompensará a su debido tiempo.

5. Mantén comunicación constante con tu congregación, apóyate en personas idóneas, escucha y ponte en el lugar de la congregación. No estás solo, Dios está contigo, él te sostiene y mantiene tu ministerio.

Apéndice

EL TEST DE LA SOLEDAD
DEL LÍDER

Test 1

Contesta a este test y evalúa tu liderazgo.

Preguntas:

A) Capacidades de comunicación. Valora tu grado de acuerdo con las siguientes afirmaciones, del 1 al 5, siendo 5 el mayor grado de acuerdo posible.

1. Utilizo un vocabulario adecuado con mi congregación.

   1   2   3   4   5

2. Hago ver a mi congregación que les estoy escuchando.

   1   2   3   4   5

3. Mi discurso tiene siempre un ritmo fluido y continuo.

   1   2   3   4   5

4. En mis comunicaciones, transmito seguridad, confianza y fiabilidad.

   1   2   3   4   5

5. Nunca tengo sensación de pánico al hablar en público.

   1   2   3   4   5

6.   Reviso mis prioridades a menudo.

   1   2   3   4   5

7.   Suelo juzgarme a mí mismo de forma imparcial.

   1   2   3   4   5

8.   El sentido del humor es mi principal arma para rebajar tensiones en el trabajo.

   1   2   3   4   5

9.   Tiendo a sobreexpresar mis emociones.

   1   2   3   4   5

10. Me siento profundamente satisfecho conmigo mismo.

   1   2   3   4   5

B) Capacidades de relación. Valora tu grado de acuerdo con las siguientes afirmaciones, del 1 al 5, siendo 5 el mayor grado de acuerdo posible.

1.   Soy capaz de ponerme en el lugar de los demás.

   1   2   3   4   5

2.   Soy capaz de percibir cómo está una persona con solo mirarla.

   1   2   3   4   5

3.   Me esfuerzo por comprender puntos de vista diferentes al mío.

   1   2   3   4   5

4.   Organizo mis tareas teniendo en cuenta aquello que no puedo abordar y así lo expreso.

   1   2   3   4   5

5.   Siempre expreso mis opiniones sobre las cosas.

   1   2   3   4   5

6.   Mantengo mi agenda de contactos totalmente actualizada.

   1   2   3   4   5

7.   Mejoro los contactos con otros pastores o miembros fuera del ámbito de la iglesia.

   1   2   3   4   5

8. Mis colaboradores acuden a mí para localizar personas en la iglesia.

1   2   3   4   5

9. La gente me consulta antes de decidir.

1   2   3   4   5

10. Soy reconocido como una persona preparada en mi ámbito dentro de mi denominación o grupo.

1   2   3   4   5

C) Capacidades de motivación. Valora tu grado de acuerdo con las siguientes afirmaciones, del 1 al 5, siendo 5 el mayor grado de acuerdo posible.

1. Me anticipo a las dificultades y las supero.

1   2   3   4   5

2. Propongo a menudo nuevas formas de trabajar / proyectos / ideas.

1   2   3   4   5

3. Convierto los problemas en oportunidades.

1   2   3   4   5

4. Mantengo el control de la situación si esta es desconocida.

1   2   3   4   5

5. Continúo con la tarea a pesar de los riesgos que pueda suponer.

1   2   3   4   5

6. Planifico los proyectos teniendo en cuenta las diferentes etapas y recursos de la congregación.

1   2   3   4   5

7. Preparo las etapas dejando abierta parte de la planificación del tiempo.

1   2   3   4   5

8. Suelo planificar a medio plazo todas mis actividades de iglesia.

1   2   3   4   5

9.   Termino las actividades con expectativas muy similares a las iniciales.

1   2   3   4   5

10. Preveo los imprevistos, asignando los recursos necesarios para ello.

1   2   3   4   5

D) Capacidades de organización. Valora tu grado de acuerdo con las siguientes afirmaciones, del 1 al 5, siendo 5 el mayor grado de acuerdo posible.

1.   Priorizo las tareas en función de lo urgente y lo importante.

1   2   3   4   5

2.   Actúo con agilidad siguiendo la planificación definida.

1   2   3   4   5

3.   En mi planificación diaria, reservo tiempo para posibles imprevistos.

1   2   3   4   5

4.   Solicito y ofrezco apoyo a los miembros de mi equipo pastoral cuando lo considero necesario.

1   2   3   4   5

5.   A menudo juego el papel de mediador dentro de los equipos en la iglesia.

1   2   3   4   5

6.   Suelo orar para que Dios me dé dirección.

1   2   3   4   5

7.   Conozco las distintas metodologías que usan otras iglesias.

1   2   3   4   5

8.   Soy capaz de identificar las críticas

1   2   3   4   5

9.   Siempre preveo los recursos necesarios.

1   2   3   4   5

10. Tengo en cuenta la disponibilidad de los líderes y feligreses que me rodean.

1   2   3   4   5

Resolución

Suma los puntos.

Si has obtenido entre 1 y 20 puntos por cada sección:

Capacidades de comunicación

Tus capacidades de comunicación tienen un nivel de desarrollo bajo. Es posible que no hayas tenido la oportunidad de desarrollarlas adecuadamente. Por eso es necesario que practiques estas habilidades, tanto de enseñanza como de predicación.

Capacidades de relación

Tu nivel de desarrollo en este grupo de capacidades es bajo. La relación con las personas es un elemento clave dentro de tu desarrollo pastoral, por eso debes trabajar para mejorar estas habilidades. Ser pastor es trabajar con personas.

Capacidades de motivación

Tus capacidades de motivación no están suficientemente desarrolladas. Es necesario que trabajes sobre ellas, ya que te ayudarán a desarrollarte pastoralmente y a alcanzar el éxito que esperas.

Capacidades de organización

La organización en una de las áreas de mejora sobre las que puedes trabajar. La manera en la que organizas tu vida y tu trabajo tiene una gran importancia en el desarrollo de tu ministerio. Debes prestar atención a estos aspectos y esforzarte por mejorarlos lo más posible.

Si has obtenido entre 20 y 40 puntos por cada sección:

Capacidades de comunicación

Tus capacidades de comunicación están bastante desarrolladas, aunque aún puedes mejorarlas. La gente entiende tus mensajes, pero no completamente. Reflexiona sobre tus áreas de mora para alcanzar un nivel superior.

Capacidades de relación

Tu nivel de desarrollo en este grupo de capacidades es medio. La relación con las personas es un elemento clave dentro de tu desarrollo como pastor, por eso debes trabajar para mejorar estas habilidades y acercarte más a la gente. Recuerda que el amor es el mejor aliado que tienes.

Capacidades de motivación

Tus capacidades de motivación están bastante desarrolladas, aunque se pueden mejorar. Reflexiona sobre los aspectos que pueden ayudarte a mejorarlas y ponlos en práctica. No olvides que eres mayordomo, no señor y que la palabra última es la suya.

Capacidades de organización

Aunque tus habilidades de organización son buenas, puedes mejorar en muchos aspectos. Intenta desarrollar estas capacidades para mejorar tu gestión del tiempo. No te sobrecargues con cosas que no deberías hacer. Aprende a delegar en tus colaboradores.

Si has obtenido de 40 hasta 50 por cada sección:

Capacidades de comunicación

Tus capacidades de comunicación están desarrolladas a un nivel muy alto. Estas habilidades te serán muy útiles en tu ministerio. La gente necesita escuchar las palabras de vida eterna que vienen de Jesús.

Capacidades de relación

Tu nivel de desarrollo en este grupo de capacidades es muy alto. La relación con las personas es un elemento clave dentro de tu desarrollo ministerial, por eso no debes nunca descuidar estos aspectos. La iglesia es fundamentalmente relaciones e interacciones entre sus miembros.

Capacidades de motivación

Has alcanzado un nivel de desarrollo muy alto en estas capacidades. Estas habilidades te serán muy útiles en tu vida espiritual. Lucha por no perder el gozo de Dios sea cual sea la situación. Él es la verdadera razón de tu motivación.

Capacidades de organización

Las capacidades de organización son tu punto más fuerte. En ellas has conseguido un desarrollo muy alto. La manera en la que organizas tu vida y tu trabajo tiene una gran importancia en el desarrollo de tu ministerio, no dejes de prestarles atención. Una iglesia organizada cuida de todos sus miembros y se proyecta hacia fuera.

Test 2

Significado de las letras a utilizar:

F - Frecuentemente me siento así.

A - Algunas veces me siento así.

R - Rara vez me siento así.

N - Nunca me siento así.

1. Soy infeliz haciendo cosas solo en la iglesia.   F A R N

2. No tengo a nadie con quien hablar o compartir. F A R N

3. No puedo tolerar estar solo en el ministerio.   F A R N

4. Me falta compañía de otros líderes.   F A R N

5. Siento que nadie me entiende en mi iglesia.   F A R N

6. Me encuentro esperando que la gente me llame
   o escriba.   F A R N

7. No tengo a nadie a quien acudir cuando sufro
   problemas.   F A R N

8. Pienso que Dios está lejos de mí.   F A R N

9. Mis intereses e ideas no son compartidos por
   la gente que me rodea.   F A R N

10. Me siento abandonado por otros.   F A R N

11. Me siento completamente solo.   F A R N

12. Me cohíbo al comunicarme con las personas a mi
    alrededor.   F A R N

13. Mis relaciones sociales son superficiales.   F A R N

14. Anhelo la compañía de otros.   F A R N

15. Nadie me conoce realmente bien.   F A R N

16. Me siento aislado de los demás.   F A R N

17. Me siento infeliz de ser tan retraído.   F A R N

18. Es difícil para mí hacer amigos y conservarlos. F A R N

19. Me siento apartado y excluido por otras personas.

                                                     F A R N

20.   La gente está a mí alrededor, pero no está conmigo.

F A R N

Resultado: para tu propia autoevaluación, asígnate dos puntos por cada F que hayas marcado y un punto por cada A. En el caso de R y N será de 0. Cuanto más alto sea tu puntaje, más crítico es tu problema de soledad. Si se da el caso de que la puntuación sea alta (40 es lo máximo), es hora de que reflexiones sobre tu relación con Dios y tu congregación. Si tu puntaje es bajo, eres una persona que no tiene problema de soledad.

BIBLIOGRAFÍA

Álvarez de Mon, Santiago. *Desde la adversidad: liderazgo, cuestión de carácter.* Madrid: Pearson, 2012.

Axelrod, Alan. *25 Lessons for Bold Business Leaders.* Nueva York: CEO, 2009.

Barna, George. *Grandes líderes.* Chicago: Tyndale, 2010.

Barnes, John A. *John F. Kennedy: su liderazgo.* Nashville: Grupo Nelson, 2009.

Blanchard, Ken y Phil Hodges. *Un líder como Jesús.* Nashville: Grupo Nelson, 2005.

Bruce, F. F. *Pablo, apóstol del corazón liberado.* Las Palmas: Mundo Bíblico, 2003.

Byler, Jon. *El corazón del líder.* Nashville: Grupo Nelson, 2013.

Cardona Castro, Francisco Luis (coord.). *Abraham Lincoln.* Arganda del Rey: Edimat, 2003.

Carreño Gálvez, F. *Esencia de líder.* Sevilla: Shodo, 2012.

Covey, Stephen R. *Los 7 hábitos de la gente altamente efectiva.* Barcelona: Paidós, 2011.

Chester, Tim. *Tú puedes cambiar.* Barcelona: Andamio, 2013.

Churchill, Winston. *¡No nos rendiremos jamás!* Madrid: Esfera, 2005.

Elliot, Jay. *El camino de Steve Jobs.* Madrid: Aguilar, 2011.

Fearn, Nicholas. *Zenón y la tortuga.* Barcelona: Grijalbo, 2003.

Fernández Garrido, Jaime. *Treinta pasos hacia la amistad.* Madrid: LID, 2010.

Goleman, Daniel. *Liderazgo: el poder de la inteligencia emocional.* Barcelona: Ediciones B, 2011.

Gutiérrez, Ben. *Refrescar el alma: todo ministerio necesita ser alentado.* Nashville: B&H, 2012.

Hastings, Max. *La guerra de Churchill.* Barcelona: Crítica, 2011.

Hybels, Bill. *Liderazgo audaz.* Miami: Vida, 2002.

Ichbiah, Daniel. *Las cuatro vidas de Steve Jobs.* Madrid: LID, 2011.

Isaacson, Walter. *Steve Jobs.* Barcelona: Debate, 2011.

Harper, Tom R. *Liderar en el foso de los leones.* Miami: Unilit, 2012.

Jenkins, Roy. *Churchill.* Barcelona: Ediciones Península, 2008.

Johnson, Spencer. *¿Quién se ha llevado mi queso?* Barcelona: Urano, 2001.

Leys, Lucas. *El mejor líder de la historia.* Miami: Vida, 2012.

Loftus, Geoff. *Dwight D. Eisenhower: su liderazgo.* Nashville: Grupo Nelson, 2010.

Kahney, Leander. *En la cabeza de Steve Jobs.* Barcelona: Gestión 2000, 2011.

Liebermann, Albert. *El libro de las posibilidades.* Barcelona: Urano, 2011.

MacDonald, Gordon. *Los dos lados del liderazgo.* Miami: Patmos, 2012.

Mandino, Og. *El vendedor más grande del mundo.* Barcelona: Grijalbo, 2000.

Martínez, José M. *Figuras estelares de la Biblia.* Barcelona: Andamio/CLIE, 2006.

Maurois, André. *Napoleón.* Barcelona: Planeta de Agostini, 1994.

Maxwell, John C. *Los 5 niveles de liderazgo.* Nueva York: Center Street, 2012.

————. *Liderazgo al máximo.* Nashville: Grupo Nelson, 2008.

McIntosh, Gary L. y Samuel D. Rima. *Cómo sobreponerse al lado oscuro del liderazgo.* Lake Mary, FL: Casa Creación, 2005.

Montero, Isaac. *Abraham Lincoln.* Barcelona: Labor, 1992.

Rojas Marcos, Luis. *Superar la adversidad.* Madrid: Espasa, 2010.

Vidal, César. *Abraham Lincoln: su liderazgo.* Nashville: Grupo Nelson, 2011.

Vise, David A. y Mark Malseed. *La historia de Google.* Madrid: Esfera, 2006.

Warren, Rick. *Liderazgo con propósito.* Miami: Vida, 2005.

NOTAS

Epígrafes

1. Winston Churchill y Ian Penberthy, *Churchill in "Quotes": Wit and Wisdom from the Great Statesman* (East Sussex, UK: Ammonite Press, 2011), p. 135.
2. John C. Maxwell, *El mapa para alcanzar el éxito* (Nashville: Grupo Nelson, 2008), p. 169.
3. Gordon B. Hinckley, discurso «La soledad del liderazgo», 4 noviembre 1969, http://biliotecasud-discursos.blogspot.com.es/2010/04/la-soledad-del-liderazgo.html.

Introducción

1. Colin Powell, citado en DeGerencia.com, «Las reglas del liderazgo de Colin Powell», http://www.degerencia.com/articulo/las_reglas_de_liderazgo_de_colin_powell.

Prólogo

1. Gordon B. Hinckley, discurso «La soledad del liderazgo», 4 noviembre 1969, http://biliotecasud-discursos.blogspot.com.es/2010/04/la-soledad-del-liderazgo.html.
2. Max Hastings, *La guerra de Churchill* (Barcelona: Critica, 2010), p. 151.
3. Paul Reynolds, «Hiroshima Arguments Rage 60 Years On», *BBC News*, 3 agosto 2005, http://news.bbc.co.uk/1/hi/world/asia-pacific/4724793.stm.
4. Ralph Waldo Emerson, citado en John Maxwell, *Las 17 cualidades esenciales de un jugador de equipo* (Nashville: Grupo Nelson, 2008), p. 93.

Capítulo 1

1. Dicho popular francés (*Il n' y a que la vérité qui offense*) que Napoléon utiliza en Emmanuel de Las Cases, *Le Mémorial de Sainte-Hélène* (Paris: Gallimard, 1957), p. 507.
2. André Maurois, *Napoleón* (Barcelona: Planeta de Agostini, 1995), p. 169.
3. Ibíd.
4. Ibíd., p. 172.
5. John C. Maxwell, *Los 5 niveles de liderazgo* (Nueva York: Center Street, 2011), p. 90.
6. Dale Carnegie, *Cómo ganar amigos e influir en las personas* (Barcelona: Edhasa, 1999), p. 31.
7. Frase habitualmente atribuida a Napoléon (así como a Thomas Campbell y a Confucio), que J. F. Kennedy popularizó al asumir ante la prensa su responsabilidad en la gestión de la crisis de Cuba, según se cuenta en John Barnes, *John F. Kennedy: su liderazgo* (Nashville: Grupo Nelson, 2009), p. 177. Cuando, en su entrevista para escribir *A Thousand Days*, Arthur M. Schlesinger le pregunta por la procedencia de la cita, Kennedy contesta que no lo sabe, que solo es un viejo dicho. Schlesinger no consigue aportar la fuente, pero Richard Reeves afirma que pertenece a los diarios de guerra del ministro de Exteriores de Mussolini, Galeazzo Ciano. Ver Richard Reeves, *President Kennedy: Profile of Power* (Nueva York: Simon & Schuster, 1993), p. 678. No obstante, la expresión de Ciano no es idéntica: «Come sempre, la vittoria trova cento padri, e nessuno vuole riconoscere l'insuccesso» [como siempre, la victoria encuentra cien padres, pero nadie quiere reconocer el fracaso], en Galeazzo Ciano, *Diario 1937-1943* (Milano: Rizzoli, 2006).
8. Maurois, *Napoleón*, p. 170.
9. Walter Isaacson, *Steve Jobs* (Barcelona: Debate, 2011), pp. 400–401.
10. Nelson Mandela, *El largo camino hacia la libertad* (Madrid: Aguilar, 2010), libro electrónico, cap. 115.
11. El *apartheid* era un régimen de segregación racial que separaba a negros y blancos de la vida educativa, diaria y social.
12. Expresión a la que Mandela apeló en su juicio, emulando otras dos célebres autodefensas anteriores (la de Giorgi Dimitrov ante los nazis y la del dictador Castro por el asalto al cuartel

de Moncada) según se cita en Nelson Mandela, *Un ideal por el cual vivo* (Nafarroa: Txalaparta, 2013), p. 27.

13. John Maxwell, *Desarrolle el líder que está en usted* (Nashville: Grupo Nelson, 2007), p. 39.
14. Gordon Winter, *Inside BOSS* (Londres: A. Lane, 1981).
15. Discurso de Abraham Lincoln en su toma de posesión en 1861, http://www.retoricas.com/2011/05/toma-de-posesion-abraham-lincoln.html.
16. Meditaciones de Abraham Lincoln sobre la voluntad de Dios, «Meditation on the Divine Will», septiembre 1882, http://www.abrahamlincolnonline.org/lincoln/speeches/meditat.htm.
17. Winston Churchill, discurso a la Cámara de los Comunes, 13 mayo 1940, http://www.historiasiglo20.org/TEXT/churchill1940.htm.
18. «... ya a los gobernantes puestos por Dios para castigar a los malhechores y premiar a quienes observan una conducta ejemplar» (1 P 2.14, BLP).

Capítulo 2

1. «Natanael exclamó: ¿Es que puede salir algo bueno de Nazaret? Felipe le contestó: —Ven y verás» (Jn 1.48, BLP)
2. «Cerró luego el libro, lo devolvió al ayudante de la sinagoga y se sentó. Todos los presentes lo miraban atentamente. Y él comenzó a decirles: —Este pasaje de la Escritura se ha cumplido hoy mismo en vuestra presencia» (Lc 4.20-21, BLP).
3. «Os aseguro que ningún profeta es bien recibido en su propia tierra» (Lc 4.24, BLP).
4. «Al cabo de catorce años volví a Jerusalén junto con Bernabé. Me acompañaba también Tito. Fui allá a impulsos de una revelación divina, y en privado comuniqué a los dirigentes principales el mensaje evangélico que anuncio entre los no judíos. Lo hice para que no resultara que tanto ahora como antes estuviera afanándome inútilmente» (Gá 2.1-2, BLP).
5. «Mirad, os envío como ovejas en medio de lobos. Por eso, sed astutos como serpientes, aunque también inocentes como palomas» (Mt 10.16, BLP).
6. «... les explicó: —Mi alimento es hacer la voluntad del que me ha enviado y llevar a cabo sus planes» (Jn 4.34, BLP).
7. E. J. Rodríguez, «La última noche de Martin Luther King (1)», *Jot Down*, http://www.jotdown.es/2011/12/la-ultima-noche-de-martin-luther-king-i/.

Capítulo 3

1. Gary McIntosh y Samuel D. Rima, *Cómo sobreponerse al lado oscuro del liderazgo* (Lake Mary, FL: Casa Creación, 2012), p. 12.
2. «Y cantaban las mujeres que danzaban, y decían: Saúl hirió a sus miles, y David a sus diez miles. Y se enojó Saúl en gran manera, y le desagradó este dicho, y dijo: A David dieron diez miles, y a mí miles; no le falta más que el reino. Y desde aquel día Saúl no miró con buenos ojos a David» (1 S 18.7–9).
3. «Entonces el Espíritu de Jehová vendrá sobre ti con poder, y profetizarás con ellos, y serás mudado en otro hombre. Y cuando te hayan sucedido estas señales, haz lo que te viniere a la mano, porque Dios está contigo. Luego bajarás delante de mí a Gilgal; entonces descenderé yo a ti para ofrecer holocaustos y sacrificar ofrendas de paz. Espera siete días, hasta que yo venga a ti y te enseñe lo que has de hacer» (1 S 10.6–8).
4. «Entonces Samuel dijo: ¿Qué has hecho? Y Saúl respondió: Porque vi que el pueblo se me desertaba, y que tú no venías dentro del plazo señalado, y que los filisteos estaban reunidos en Micmas, me dije: Ahora descenderán los filisteos contra mí a Gilgal, y yo no he implorado el favor de Jehová. Me esforcé, pues, y ofrecí holocausto» (1 S 13.11–12).
5. «Entonces Samuel dijo a Saúl: Locamente has hecho; no guardaste el mandamiento de Jehová tu Dios que él te había ordenado; pues ahora Jehová hubiera confirmado tu reino sobre Israel para siempre. Mas ahora tu reino no será duradero. Jehová se ha buscado un varón conforme a su corazón, al cual Jehová ha designado para que sea príncipe sobre su pueblo, por cuanto tú no has guardado lo que Jehová te mandó» (1 S 13.13–14).
6. «Tras destituir a Saúl, les puso por rey a David, de quien dio este testimonio: He encontrado en David, hijo de Isaí, un hombre conforme a mi corazón; él realizará todo lo que yo quiero» (Hch 13.22, NVI).
7. «... se levantó David y se fue con su gente, y mató a doscientos hombres de los filisteos; y trajo David los prepucios de ellos y los entregó todos al rey, a fin de hacerse yerno del rey. Y Saúl le dio su hija Mical por mujer» (1 S 18.27).

8. «Entonces dijo Natán a David: Tú eres aquel hombre. Así ha dicho Jehová, Dios de Israel: Yo te ungí por rey sobre Israel, y te libré de la mano de Saúl, y te di la casa de tu señor, y las mujeres de tu señor en tu seno; además te di la casa de Israel y de Judá; y si esto fuera poco, te habría añadido mucho más» (2 S 12.7–8).

9. Ver Mateo 7 y Mateo 3.8.

Capítulo 4

1. Según se cita en Alexander P. Pucho, *Arte de triunfar: somos constructores de nuestra propia vida* (Bloomington, IN: Palibrio, 2011), p. 149.

2. «Yo soy el buen pastor; el buen pastor su vida da por las ovejas. Mas el asalariado, y que no es el pastor, de quien no son propias las ovejas, ve venir al lobo y deja las ovejas y huye, y el lobo arrebata las ovejas y las dispersa. Así que el asalariado huye, porque es asalariado, y no le importan las ovejas. Yo soy el buen pastor; y conozco mis ovejas, y las mías me conocen» (Jn 10.11–14).

3. «Algunos, a la verdad, predican a Cristo por envidia y contienda; pero otros de buena voluntad» (Fil 1.15).

Capítulo 5

1. «Aconteció después, que Jesús iba por todas las ciudades y aldeas, predicando y anunciando el evangelio del reino de Dios, y los doce con él, y algunas mujeres que habían sido sanadas de espíritus malos y de enfermedades: María, que se llamaba Magdalena, de la que habían salido siete demonios, Juana, mujer de Chuza intendente de Herodes, y Susana, y otras muchas que le servían de sus bienes» (Lc 8.1–3).

2. «Aconteció que estando Jesús a la mesa en casa de él, muchos publicanos y pecadores estaban también a la mesa juntamente con Jesús y sus discípulos; porque había muchos que le habían seguido» (Mr 2.15).

3. «... porque vino a vosotros Juan en camino de justicia y no le creísteis; en cambio, los publicanos y las rameras le creyeron. Pero vosotros, aunque visteis esto, no os arrepentisteis después para creerle» (Mt 21.32, RVR95).

4. «Entonces, respondiendo Pedro, le dijo: —Nosotros lo hemos dejado todo y te hemos seguido; ¿qué, pues, tendremos?» (Mt 19.27, RVR95).

5. «Y cualquiera que haya dejado casas, o hermanos, o hermanas, o padre, o madre, o mujer, o hijos, o tierras, por mi nombre, recibirá cien veces más, y heredará la vida eterna» (Mt 19.29, RVR95).

6. «Entonces envió Jezabel a Elías un mensajero para decirle: «Traigan los dioses sobre mí el peor de los castigos, si mañana a estas horas no he puesto tu persona como la de uno de ellos» (1 R 19.2).

7. Harry W. Schaumburg, «El pastor adicto al sexo», *Revista de enriquecimiento*, http://ag.org/ enrichmentjournal_sp/200504/200504_040_obsession.cfm.

8. «Asimismo aborrecí todo el trabajo que había hecho debajo del sol, y que habré de dejar a otro que vendrá después de mí. Y ¿quién sabe si será sabio o necio el que se adueñe de todo el trabajo en que me afané y en el que ocupé mi sabiduría debajo del sol? Esto también es vanidad. Volvió entonces a desilusionarse mi corazón de todo el trabajo en que me afané, y en el que había ocupado debajo del sol mi sabiduría. ¡Que el hombre trabaje con sabiduría, con ciencia y rectitud, y que haya de dar sus bienes a otro que nunca trabajó en ello! También es esto vanidad y un gran mal. Porque ¿qué obtiene el hombre de todo su trabajo y de la fatiga de su corazón con que se afana debajo del sol? Porque todos sus días no son sino dolores, y sus trabajos molestias, pues ni aun de noche su corazón reposa. Esto también es vanidad» (Ec 2.18–23).

9. F. E. C. Laredo Cárter, «El hombre necio, un sermón de Martin Luther King», 3 abril 2012, http://www.reeditor.com/columna/4152/8/cultura/el/hombre/necio/sermon/martin/luther/ king.

10. José Luis Navajo, *Lunes con mi viejo pastor* (Nashville: Grupo Nelson, 2011).

Capítulo 6

1. «Pues si anuncio el evangelio, no tengo por qué gloriarme; porque me es impuesta necesidad; y ¡ay de mí si no anunciare el evangelio!» (2 Co 9.16).

2. «Pues la Escritura dice: No pondrás bozal al buey que trilla; y: Digno es el obrero de su salario» (1 Ti 5.18).

3. «Quisiera más bien que todos los hombres fuesen como yo; pero cada uno tiene su propio don de Dios, uno a la verdad de un modo, y otro de otro. Digo, pues, a los solteros y a las viudas, que bueno les fuera quedarse como yo; pero si no tienen don de continencia, cásense, pues mejor es casarse que estarse quemando» (1 Co 7.7–9).

4. Jon Byler, *El corazón del líder* (Nashville: Grupo Nelson, 2013).

5. «Oísteis que fue dicho: No cometerás adulterio. Pero yo os digo que cualquiera que mira a una mujer para codiciarla, ya adulteró con ella en su corazón. Por tanto, si tu ojo derecho te es ocasión de caer, sácalo, y échalo de ti; pues mejor te es que se pierda uno de tus miembros, y no que todo tu cuerpo sea echado al infierno. Y si tu mano derecha te es ocasión de caer, córtala, y échala de ti; pues mejor te es que se pierda uno de tus miembros, y no que todo tu cuerpo sea echado al infierno» (Mt 5.27–30).

6. «... y si se separa, quédese sin casar, o reconcíliese con su marido; y que el marido no abandone a su mujer» (1 Co 7.11).

7. «Pero es necesario que el obispo sea irreprensible, marido de una sola mujer, sobrio, prudente, decoroso, hospedador, apto para enseñar» (1 Ti 3.2).

8. Richard J. Krejcir, «Las estadísticas sobre los pastores», C. C. Hay paz con Dios, trad. Daniel Guerrero, http://haypazcondios.blogspot.com.es/2012/03/estadisticas-sobre-los-pastores.html.

9. «Honra a tu padre y a tu madre, para que tus días se alarguen en la tierra que Jehová tu Dios te da» (Éx 20.12).

10. «Hiere al pastor para que se dispersen las ovejas y vuelva yo mi mano contra los corderitos» (Zc 13.7).

Capítulo 7

1. John Maxwell, *El mapa para alcanzar el éxito* (Nashville: Grupo Nelson, 2008), p. 132.

2. Charles Spurgeon, citado en Gordon MacDonald, *Los dos lados del liderazgo* (Miami: Patmos, 2012), p. 167.

3. Ver 1 Corintios 12.

4. «Dejadlos; son ciegos guías de ciegos; y si el ciego guiare al ciego, ambos caerán en el hoyo» (Mt 15.14).

5. «¡Ay de vosotros, escribas y fariseos, hipócritas! porque recorréis mar y tierra para hacer un prosélito, y una vez hecho, le hacéis dos veces más hijo del infierno que vosotros» (Mt 23.15).

6. «El SEÑOR le dijo a Moisés: —¿Por cuánto tiempo esta gente me despreciará? ¿Por cuánto tiempo ellos no creerán en mí a pesar de todos los milagros que he hecho entre ellos? Les mandaré una terrible enfermedad y los destruiré, pero haré de ti una nación más grande y más fuerte que ellos» (Nm 14.11–12, PDT).

Capítulo 8

1. «Después subió al monte, y llamó a sí a los que él quiso; y vinieron a él» (Mr 3.13).

2. «En aquellos días él fue al monte a orar, y pasó la noche orando a Dios» (Lc 6.12).

3. «Todos éstos perseveraban unánimes en oración y ruego, con las mujeres, y con María la madre de Jesús, y con sus hermanos» (Hch 1.14).

4. «Es necesario, pues, que de estos hombres que han estado juntos con nosotros todo el tiempo que el Señor Jesús entraba y salía entre nosotros, comenzando desde el bautismo de Juan hasta el día en que de entre nosotros fue recibido arriba, uno sea hecho testigo con nosotros, de su resurrección. Y señalaron a dos: a José, llamado Barsabás, que tenía por sobrenombre Justo, y a Matías» (Hch 2.21–23).

5. «... a los cuales presentaron ante los apóstoles, quienes, orando, les impusieron las manos» (Hch 6.6).

6. Ver Mateo 10.

7. «Palabra fiel: Si alguno anhela obispado, buena obra desea. Pero es necesario que el obispo sea irreprensible, marido de una sola mujer, sobrio, prudente, decoroso, hospedador, apto para enseñar; no dado al vino, no pendenciero, no codicioso de ganancias deshonestas, sino amable, apacible, no avaro; que gobierne bien su casa, que tenga a sus hijos en sujeción con toda honestidad (pues el que no sabe gobernar su propia casa, ¿cómo cuidará de la iglesia de Dios?); no un neófito, no sea que envaneciéndose caiga en la condenación del diablo. También es necesario que tenga buen testimonio de los de afuera, para que no caiga en descrédito y en lazo del diablo» (1 Ti 3.4–7).

8. «Pero él les dijo: Los reyes de las naciones se enseñorean de ellas, y los que sobre ellas tienen autoridad son llamados bienhechores» (Lc 22.25).
9. «Volvió a decirle la segunda vez: Simón, hijo de Jonás, ¿me amas? Pedro le respondió: Sí, Señor; tú sabes que te amo. Le dijo: Pastorea mis ovejas» (Jn 21.16).
10. «Pero dijo esto, no porque se cuidara de los pobres, sino porque era ladrón, y teniendo la bolsa, sustraía de lo que se echaba en ella» (Jn 12.6).
11. «Entonces Judas, el que le había entregado, viendo que era condenado, devolvió arrepentido las treinta piezas de plata a los principales sacerdotes y a los ancianos» (Mt 27.3).
12. «Algunos, a la verdad, predican a Cristo por envidia y contienda; pero otros de buena voluntad» (Fil 1.15).

Capítulo 9

1. «Juan le respondió diciendo: Maestro, hemos visto a uno que en tu nombre echaba fuera demonios, pero él no nos sigue; y se lo prohibimos, porque no nos seguía. Pero Jesús dijo: No se lo prohibáis; porque ninguno hay que haga milagro en mi nombre, que luego pueda decir mal de mí. Porque el que no es contra nosotros, por nosotros es» (Mr 9.38–40).
2. «Recorría Jesús todas las ciudades y aldeas, enseñando en las sinagogas de ellos, y predicando el evangelio del reino, y sanando toda enfermedad y toda dolencia en el pueblo. Y al ver las multitudes, tuvo compasión de ellas; porque estaban desamparadas y dispersas como ovejas que no tienen pastor. Entonces dijo a sus discípulos: A la verdad la mies es mucha, mas los obreros pocos. Rogad, pues, al Señor de la mies, que envíe obreros a su mies» (Mt 9.35–38).
3. «Cuando, pues, el Señor entendió que los fariseos habían oído decir: Jesús hace y bautiza más discípulos que Juan (aunque Jesús no bautizaba, sino sus discípulos), salió de Judea, y se fue otra vez a Galilea» (Jn 4.1–3).
4. «... para que todos sean uno; como tú, oh Padre, en mí, y yo en ti, que también ellos sean uno en nosotros; para que el mundo crea que tú me enviaste» (Jn 17.21).
5. «Subí por causa de una revelación y les presenté el evangelio que predico entre los gentiles, pero lo hice en privado a los que tenían alta reputación, para cerciorarme de que no corría ni había corrido en vano» (Gá 2.2).
6. «Y él mismo constituyó a unos, apóstoles; a otros, profetas; a otros, evangelistas; a otros, pastores y maestros» (Ef 4.11).
7. «Fue entonces Ananías y entró en la casa, y poniendo sobre él las manos, dijo: Hermano Saulo, el Señor Jesús, que se te apareció en el camino por donde venías, me ha enviado para que recibas la vista y seas lleno del Espíritu Santo. Y al momento le cayeron de los ojos como escamas, y recibió al instante la vista; y levantándose, fue bautizado. Y habiendo tomado alimento, recobró fuerzas. Y estuvo Saulo por algunos días con los discípulos que estaban en Damasco» (Hch 9.17–19).
8. «Entonces le respondió: Ah, señor mío, ¿con qué salvaré yo a Israel? He aquí que mi familia es pobre en Manasés, y yo el menor en la casa de mi padre» (Jue 6.15).

Capítulo 10

1. «Entonces le respondió Pedro, y dijo: Señor, si eres tú, manda que yo vaya a ti sobre las aguas. Y él dijo: Ven. Y descendiendo Pedro de la barca, andaba sobre las aguas para ir a Jesús. Pero al ver el fuerte viento, tuvo miedo; y comenzando a hundirse, dio voces, diciendo: ¡Señor, sálvame! Al momento Jesús, extendiendo la mano, asió de él, y le dijo: ¡Hombre de poca fe! ¿Por qué dudaste? Y cuando ellos subieron en la barca, se calmó el viento. Entonces los que estaban en la barca vinieron y le adoraron, diciendo: Verdaderamente eres Hijo de Dios» (Mr 6.28–33).
2. «Sed imitadores de mí, así como yo de Cristo» (1 Co 11.11).
3. La compasión (del latín *cumpassio*, calco semántico o traducción del vocablo griego συμπάθεια (*sympathia*), palabra compuesta de συν + πάσχω = συμπάσχω, literalmente «sufrir juntos», «tratar con emociones», «empatía»).
4. «Pero hubo también falsos profetas en el pueblo, como habrá entre vosotros falsos maestros, que introducirán encubiertamente herejías destructoras, y aun negarán al Señor que los rescató, atrayendo sobre sí mismos destrucción repentina» (2 P 2.1).
5. «Y muchos seguirán sus disoluciones, por causa de los cuales el camino de la verdad será blasfemado» (2 P 2.2).
6. «... y por avaricia harán mercadería de vosotros con palabras fingidas. Sobre los tales ya de largo tiempo la condenación no se tarda, y su perdición no se duerme» (2 P 2.3).

7. «... y mayormente a aquellos que, siguiendo la carne, andan en concupiscencia e inmundicia, y desprecian el señorío. Atrevidos y contumaces, no temen decir mal de las potestades superiores» (2 P 2.10).
8. «Pero éstos, hablando mal de cosas que no entienden, como animales irracionales, nacidos para presa y destrucción, perecerán en su propia perdición» (2 P 2.12).
9. «... recibiendo el galardón de su injusticia, ya que tienen por delicia el gozar de deleites cada día. Estos son inmundicias y manchas, quienes aún mientras comen con vosotros, se recrean en sus errores. Tienen los ojos llenos de adulterio, no se sacian de pecar, seducen a las almas inconstantes, tienen el corazón habituado a la codicia, y son hijos de maldición» (2 P 2.13–14).
10. «Pues hablando palabras infladas y vanas, seducen con concupiscencias de la carne y disoluciones a los que verdaderamente habían huido de los que viven en error. Les prometen libertad, y son ellos mismos esclavos de corrupción. Porque el que es vencido por alguno es hecho esclavo del que lo venció» (2 P 2.18–19).

Capítulo 11

1. «Porque no tenemos un sumo sacerdote que no pueda compadecerse de nuestras debilidades, sino uno que fue tentado en todo según nuestra semejanza, pero sin pecado» (He 4.15).
2. «Y les dijo: Id por todo el mundo y predicad el evangelio a toda criatura» (Mr 5.15).
3. «Por tanto, es necesario que con más diligencia atendamos a las cosas que hemos oído, no sea que nos deslicemos» (He 2.1).
4. «Herodes el tetrarca oyó de todas las cosas que hacía Jesús; y estaba perplejo, porque decían algunos: Juan ha resucitado de los muertos; otros: Elías ha aparecido; y otros: Algún profeta de los antiguos ha resucitado. Y dijo Herodes: A Juan yo le hice decapitar; ¿quién, pues, es éste, de quien oigo tales cosas? Y procuraba verle» (Lc 9.7–9).

Capítulo 12

1. «Al pasar Jesús, vio a un hombre ciego de nacimiento. Y le preguntaron sus discípulos, diciendo: Rabí, ¿quién pecó, éste o sus padres, para que haya nacido ciego? Respondió Jesús: No es que pecó éste, ni sus padres, sino para que las obras de Dios se manifiesten en él» (Jn 9.1–3).
2. «Todo acontece de la misma manera a todos; un mismo suceso ocurre al justo y al impío; al bueno, al limpio y al no limpio; al que sacrifica, y al que no sacrifica; como al bueno, así al que peca; al que jura, como al que teme el juramento» (Ec 9.2).
3. «En lo que atañe a la ley, ésta intervino para que aumentara la transgresión. Pero allí donde abundó el pecado, sobreabundó la gracia» (Ro 5.20).
4. «¿Y por qué no decir (como se nos calumnia, y como algunos, cuya condenación es justa, afirman que nosotros decimos): Hagamos males para que vengan bienes?» (Ro 3.8).
5. «Porque somos hechura suya, creados en Cristo Jesús para buenas obras, las cuales Dios preparó de antemano para que anduviésemos en ellas» (Ef 2.10).
6. «Como está escrito: No hay justo, ni aun uno; No hay quien entienda, No hay quien busque a Dios. Todos se desviaron, a una se hicieron inútiles; No hay quien haga lo bueno, no hay ni siquiera uno» (Ro 3.10–12).

Capítulo 13

1. «Le dijo la tercera vez: Simón, hijo de Jonás, ¿me amas? Pedro se entristeció de que le dijese la tercera vez: ¿Me amas? y le respondió: Señor, tú lo sabes todo; tú sabes que te amo. Jesús le dijo: Apacienta mis ovejas» (Jn 21.17).
2. «Luego dijo a Tomás: Pon aquí tu dedo, y mira mis manos; y acerca tu mano, y métela en mi costado; y no seas incrédulo, sino creyente» (Jn 20.27).
3. Diccionario de la Real Academia de la Lengua, «fidelidad», http://lema.rae.es/drae/?val=fidelidad.
4. Ibíd., «lealtad», http://lema.rae.es/drae/?val=lealtad.
5. «Escogió Moisés varones de virtud de entre todo Israel, y los puso por jefes sobre el pueblo, sobre mil, sobre ciento, sobre cincuenta, y sobre diez» (Éx 18.25).

Capítulo 14

1. «... volviendo a su suegro Jetro, le dijo: Iré ahora, y volveré a mis hermanos que están en Egipto, para ver si aún viven. Y Jetro dijo a Moisés: Ve en paz» (Éx 4.18).
2. «Entonces el suegro de Moisés le dijo: No está bien lo que haces» (Éx 18.17).
3. «Entonces Jacob dijo a su familia y a todos los que con él estaban: Quitad los dioses ajenos que hay entre vosotros, y limpiaos, y mudad vuestros vestidos» (Gn 35.2).
4. «Y si mal os parece servir a Jehová, escogeos hoy a quién sirváis; si a los dioses a quienes sirvieron vuestros padres, cuando estuvieron al otro lado del río, o a los dioses de los amorreos en cuya tierra habitáis; pero yo y mi casa serviremos a Jehová» (Jos 24.15).
5. «Honra a tu padre y a tu madre, para que tus días se alarguen en la tierra que Jehová tu Dios te da» (Éx 20.12).

Capítulo 15

1. «Jehová es mi pastor; nada me faltará» (Sal 23).
2. «... y las salutaciones en las plazas, y que los hombres los llamen: Rabí, Rabí. Pero vosotros no queráis que os llamen Rabí; porque uno es vuestro Maestro, el Cristo, y todos vosotros sois hermanos. Y no llaméis padre vuestro a nadie en la tierra; porque uno es vuestro Padre, el que está en los cielos» (Mt 23.7–10).
3. «Antes, hacen todas sus obras para ser vistos por los hombres. Pues ensanchan sus filacterias, y extienden los flecos de sus mantos; y aman los primeros asientos en las cenas, y las primeras sillas en las sinagogas» (Mt 23.5–6).
4. «Así, pues, téngannos los hombres por servidores de Cristo, y administradores de los misterios de Dios» (1 Co 4.1).
5. «Cada uno según el don que ha recibido, minístrelo a los otros, como buenos administradores de la multiforme gracia de Dios» (1 P 4.10).
6. «Ahora bien, se requiere de los administradores, que cada uno sea hallado fiel» (1 Co 4.2).
7. «... sino voluntariamente; no por ganancia deshonesta, sino con ánimo pronto» (1 P 5.2).
8. «... no como teniendo señorío sobre los que están a vuestro cuidado, sino siendo ejemplos de la grey» (2 P 5.3).
9. «Humillaos, pues, bajo la poderosa mano de Dios, para que él os exalte cuando fuere tiempo» (1 P 5.6).
10. «... echando toda vuestra ansiedad sobre él, porque él tiene cuidado de vosotros» (1 P 5.7).
11. «Sed sobrios, y velad; porque vuestro adversario el diablo, como león rugiente, anda alrededor buscando a quien devorar» (1 P 5.8).
12. «... al cual resistid firmes en la fe, sabiendo que los mismos padecimientos se van cumpliendo en vuestros hermanos en todo el mundo» (1 P 5.9).

ACERCA DEL AUTOR

MARIO ESCOBAR, LICENCIADO EN HISTORIA Y DIPLOMADO EN ESTUDIOS
Avanzados en la especialidad de Historia Moderna, ha escrito numerosos artículos y libros sobre la Inquisición, la Reforma Protestante y
las sectas religiosas. Colabora como columnista en distintas publica-
ciones. Apasionado por la historia y sus enigmas ha estudiado en profundidad la historia de la iglesia, los distintos grupos sectarios que
han luchado en su seno y el descubrimiento y la colonización de América, especializándose en la vida de personajes heterodoxos españoles
y americanos. Para más información, visitar www.marioescobar.es.